WUT-MANAGEMENT
NIE WIEDER EXPLODIEREN!

Ein Leitfaden in 3 Schritten und ein Arbeitsbuch für die Analyse, das Verstehen und die konsequente und nachhaltige Auflösung von Wut und Aggression

DR. ZARMINA PENNER

www.zarminapenner.com

IMPRESSUM

Texte und Umschlaggestaltung:
© Copyright Zarmina Penner 2022 - Alle Rechte vorbehalten.
Verlag: ZP Publishing
Dr. med. Zarmina Penner, MBA, MAS
www.zarminapenner.com
Druck: Kindle Direct Publishing (KDP)
E-Buch Ausgabe ISBN 978-3-9824678-3-2
Taschenbuch Ausgabe ISBN 978-3-9824678-4-9
Gebundene Ausgabe ISBN 978-3-9824678-5-6

„Alle Wissenschaft ist nichts anderes als die Verfeinerung des alltäglichen Denkens."

— ALBERT EINSTEIN

INHALTSVERZEICHNIS

IMPRESSUM	2
WIDMUNG	9
EINFÜHRUNG	11
1 WIE MAN DIESES BUCH VERWENDET	21
2 WUT VERSTEHEN	25
3 IHRE WUT-AUSLÖSER	31
Was sind Auslöser?	32
Was sind Reaktionen?	37
Wie Sie sich auf potenzielle Wut-Ereignisse vorbereiten	39
4 DAS STOP! -1-2-3 MODELL	45
Wie man einen Vorfall analysiert	47
Das Analyse-Tool	49
Das Lösungsdesign-Tool	63
5 LERNEN SIE SICH KENNEN	73
6 VERSTEHEN SIE, WAS SIE WOLLEN	89
Zusammenfassung	99
7 VERSTEHEN SIE IHREN KONTEXT	101
Kultur	102
Die Spielregeln	107
Die Schlüsselpersonen	109

8 VERSTEHEN SIE, MIT WEM SIE INTERAGIEREN ... 113

Die Beobachter (Indifferente und Neutrale) ... 118
Die Positiven ... 119
Die Negativen ... 120

9 VERSTEHEN SIE IHRE AKTIVEN KONFLIKTE UND DIE DAMIT VERBUNDENEN VORFÄLLE ... 123

10 VERSTEHEN SIE, WARUM SIE WÜTEND SIND UND WAS SIE TUN KÖNNEN ... 137

11 FALLSTUDIE: LAURA'S WUT ... 141

Der Vorfall: Was ist passiert? ... 144
Analyse: Wer ist Laura? ... 146
Was will Laura? ... 148
Wie sieht es in Laura's Kontext aus? ... 152
Derzeitige aktive Konflikte in Laura's Kontext ... 159
Zusammenfassung ... 161
Schlusswort zum Fall ... 169

12 SCHLUSSFOLGERUNG ... 173

LITERATURVERZEICHNIS ... 177

AUTOR ... 181

DANKSAGUNG ... 183

Ich widme dieses Buch meinen Klienten, die mir so viel über die Feinheiten des Lebens beigebracht haben.

ANMERKUNG

Auch wenn sich die Beispiele im Buch auf den Arbeitsplatz beziehen, die vorgestellte Methode lässt sich universell in jedem Lebensbereich anwenden. Das Prinzip bleibt immer gleich.

EINFÜHRUNG

„Wenn Wut aufkommt, denke an die Konsequenzen."

— *CONFUCIUS*

„Du hast ein Wut-problem", sagten sie, und jahrelang wollten Sie es nicht wahrhaben. Sie haben auf das Verhalten anderer hingewiesen, um Ihr Recht, wütend zu sein, zu bestätigen. Sie hätten Sie einfach provoziert. Außerdem ist es nicht gut, dass Sie Ihre eigenen Gefühle unterdrücken. Also haben Sie beschlossen, Ihre Wut voll auszuleben. Immer wieder wurden Sie von irgendetwas getriggert und es ging wieder los.

Bild: Sie

Ihre Wut schien jedoch mit der Zeit stärker zu werden und zeigte sich in Situationen, die Ihnen wichtig waren. Nach vielen solchen destruktiven Vorfällen haben Sie akzeptieren müssen, es könnte doch wahr sein: „Vielleicht habe ich ein Wut-Problem!"

Sie haben nach einer guten Lösung gesucht. Sie haben recherchiert, aber die Tipps und Tricks, die Sie lernten, funktionieren nicht, wenn Ihr Blut zu kochen beginnt. Wenn Sie vor Wut neben sich stehen, ist es schon zu spät.

Wenn diese Beschreibung zu Ihnen passt, sind Sie hier genau richtig. Dieses Buch ist für Sie geschrieben. Ich versichere Ihnen, dass Wut ein weit verbreitetes Phänomen ist, und Sie sind nicht allein. Viele von uns haben mit Wut zu kämpfen, besonders diejenigen, die leidenschaftlich leben. Früher habe ich mich auch mit meinen impulsiven Wut-Episoden auseinandergesetzt. Ich kann jetzt mit Sicherheit sagen, dass meine Wut unter Kontrolle ist. Ich freue mich sogar auf Anzeichen von Wut, weil ich weiß, dass es nur Anzeichen sind, die mir etwas mitteilen wollen. Wut ist mein Freund geworden und hoffentlich wird sie auch Ihr Freund.

Wut ist nur ein Anzeichen dafür, dass etwas nicht ganz stimmt, insbesondere in Bezug auf unsere Grenzen und wir müssen herausfinden, was nicht stimmt. Genau wie andere starke Gefühle auch, leitet Sie Wut auf den Weg der Selbstentwicklung, sobald Sie ihrem Ruf folgen.

Sie werden mir sicher zustimmen, wenn ich sage, dass unkontrollierte Wut-Ausbrüche Beziehungen schaden. Da Beziehungen die Grundlage für alles sind, was wir im Leben tun und erreichen, untergraben Wut-Ausbrüche unsere Chance auf Glück. Sie untergraben auch unsere Erfolgschancen, indem sie unseren Ruf ruinieren. Wiederholte oder anhaltende Wut richtet verheerende Schäden an unserer Körperchemie an. Da Wut ein Teil der Kampf-Flucht-Stressreaktion unseres Körpers ist, kann sie uns in einem Zustand von Dauerstress festhalten, der nicht ohne Folgen bleibt. Da Sie hier sind und diese Zeilen lesen, muss ich Sie nicht davon überzeugen, dass Sie mit Ihrer Wut besser umgehen müssen. Das wissen Sie bereits.

Um mit Wut besser umgehen zu können, müssen Sie verstehen, warum sie entsteht (die Auslöser) und wie Sie auf diese am besten reagieren (Ihre Reaktionen). Sobald Sie das wissen, können Sie Wege finden, den Kreislauf zu durchbrechen, indem Sie Ihr gewohntes Denken und Ihre gewohnten Reaktionen ändern. Drehen Sie die Sache um, indem Sie das Negative bzw. einen Nachteil ins Positive bzw. einen Vorteil umwandeln. Der Vorteil in diesem Fall ist, dass Ihre Wut ein klares Zeichen dafür ist, dass Sie etwas in Ordnung bringen müssen. Ihre Wut ist eine Chance, Ihr Leben weiter zu optimieren.

Wut-Ausbrüche tragen immer weiter zum Problem bei, nie zur Lösung. Warum? Weil man wütenden Menschen nicht zuhört. Wenn Sie lernen, Ihren Ärger nicht nach außen zu tragen, werden Sie den Luxus haben, innezuhalten und darüber nachzudenken, was nicht stimmt und wie Sie es korrigieren können.

So betrachtet können wir unserer Wut dankbar sein, da sie einen klaren Zweck hat. Die Suche nach der Ursache führt

Sie auf eine aufregende Reise der Selbstfindung und Weiterentwicklung. Sie werden mit der Zeit belastbarer und werden dabei Ihr wahres wunderbares Wesen entdecken. Denn wenn Sie die zugrunde liegenden Ursachen Ihrer Wut-Episoden verstehen, können Sie auch eine nachhaltige Lösung für sich finden und Schritt für Schritt sich und Ihr Leben optimieren.

Dieses Buch bietet Ihnen eine einfache dreistufige Formel zur Wut-Bewältigung: Das STOP! -1-2-3 Analyse und Lösungsdesign.

Für die Nutzung der Formel sollten Sie in Vorbereitung ein paar grundlegende Dinge klären. Das braucht etwas Zeit. Sobald Sie diese Zeit jedoch investieren, werden Ihr Selbstwissen und Ihre Klarheit steigen und das wird Ihnen einen verbesserten Ausgangspunkt verschaffen. Dadurch können Sie die Sache insgesamt besser angehen.

Der erste Schritt, um den Kurzschluss zwischen Auslöser und Reaktion zu durchbrechen, besteht darin, die Lücke zwischen ihnen bewusst wahrzunehmen. Ein Sekundenbruchteil, den Sie sich bewusst machen und den Sie strecken können — mit dem Wissen, dass Sie nicht reagieren müssen. Um diesen Sekundenbruchteil jedoch zu Ihren Gunsten nutzen zu können, müssen Sie Ihre aktiven Wut-Auslöser im Voraus kennen.

Sie müssen wissen, wann und warum Sie wütend reagieren, und eine Strategie im Voraus entwickeln, um mit einem Wut-Anfall bewusst umzugehen und ihn zu kontrollieren. Diese Vorarbeit und der Paradigmenwechsel im Denken helfen Ihnen, Ihrem Ärger nicht nachzugeben, sondern mit ihm zu arbeiten. Sie werden mit der Zeit sogar ganz auf automatische Reaktionen verzichten. Das ist Übungssache.

Ich bin vor Jahren durch Zufall auf eine pragmatische Lösung gestoßen, während ich meine eigenen Wut-Impulse zu heilen versuchte. Dabei ist das Vorgehensmodell STOP! -1-2-3 entstanden. Während der letzten 20 Jahre in meiner Coaching-Praxis habe ich das Modell und den Denkprozess verfeinert und vereinfacht, um Klienten besser unterstützen zu können. Es ist ein Modell für die Selbstanalyse, die Analyse anderer Menschen und deren Motive und des Kontextes, in dem die Wut-Vorfälle geschehen. Das Durcharbeiten Ihres Falles mit dem Modell gibt Ihnen somit ein besseres Verständnis und Bewusstsein für sich selbst, für andere und für die jeweilige Situation. Sie werden eine Detailanalyse des Vorfalls durchführen und vollständig verstehen, was, warum und wie alles geschah. Ich spreche hier auch aus eigener Erfahrung. Ich nutze das Modell mittlerweile nicht nur für das Verstehen von Wut-Vorfällen, sondern auch, um fundierte Entscheidungen in allerlei Themen zu treffen.

Außerdem möchte ich mit allem, was ich tue, gute Ergebnisse erzielen. Wenn eine Theorie nicht funktioniert, verwerfe ich sie sofort, um meinen Verstand damit nicht weiter zu belasten. Nicht jede noch so gute Theorie kann jedem helfen.

In diesem Buch biete ich Ihnen meine destillierten Gedanken zur Wut-Bewältigung an. Probieren Sie diese Methode ein paar Mal aus und sehen Sie, ob sie für Sie funktioniert. Dieses Buch wird Ihnen helfen, Ihre Wut zu verarbeiten, Sie anleiten, Lösungen dafür zu finden, und Sie dazu bringen, neue Verhaltensweisen auszuprobieren. Seien Sie dabei praktisch und experimentierfreudig. Lesen allein wird nicht ausreichen. Stellen Sie Ihr neues Denken und Reaktionsmuster auf die Probe.

Bevor wir fortfahren, möchte ich zwei wichtige Unterschiede hervorheben:

Erstens geht es in diesem Buch um den Umgang mit „normalen" Wut-Ausbrüchen, die sich negativ auf Ihr Leben und Ihre Beziehungen auswirken. Das Oxford Languages Dictionary definiert Wut als „ein starkes Gefühl der Verärgerung, des

Unmuts oder der Feindseligkeit". Im Gegensatz dazu steht der „heftige, unkontrollierbare Zorn". Der Unterschied zwischen Wut und Zorn ist signifikant.

Wut kann dem Ruf und dem Aufbau von Beziehungen schaden, aber sie ist sicherlich weit weniger gefährlich als der Zorn.

Zorn ist eine potenzielle Quelle von großem Schmerz und Zerstörung für sich selbst und andere. Er steht in engem Zusammenhang mit Fällen häuslicher und gesellschaftlicher Gewalt und ist eine sehr ernste Angelegenheit.

Wenn kleine Auslöser Sie, liebe Leserin, lieber Leser, in einen Zustand von völlig gedankenlosem, hoch emotionalem Zorns versetzen, ist dieses Buch vielleicht nicht die optimale Lösung für Sie. Sie werden mehr Hilfe brauchen. Bei Zornausbrüchen brauchen Sie therapeutische Unterstützung, also wenden Sie sich an einen Therapeuten Ihres Vertrauens in Ihrer Nähe. Ebenso sollten Sie, wenn Sie mit dem Zorn anderer konfrontiert sind, dies ernst nehmen und so früh wie möglich einen Fachmann aufsuchen, die Situation schildern und Unterstützung suchen. Das ist ein enorm wichtiger Schritt, um Gewalt-Eskalationen vorzubeugen.

Dem gegenüber stehen diejenigen, die ihre Wut nicht spüren oder nicht spüren können. Aus guten Gründen, die hauptsächlich auf Kindheitserfahrungen beruhen, erlaubt ihnen der konditionierte Verstand nicht, ihre Wut (oder möglicherweise auch jedes andere Gefühl) zu empfinden. Was Sie anstelle von Wut bemerken könnten, ist eine nagende Irritation und mit der Zeit ein wachsendes Gefühl des Grolls gegenüber den anderen beteiligten Personen für das, was Sie stillschweigend ertragen müssen.

Wenn Sie, liebe Leserin, lieber Leser, sich mit dieser Kategorie identifizieren, ist es wichtig, zunächst eine Verbindung zu Ihren Gefühlen herzustellen, indem Sie jede Emotion, die sich für Sie nicht gut anfühlt, respektieren und in der Stille erstmal aushalten und erleben. Mit etwas Übung werden Sie langsam beginnen, Ihre Wut (und andere Emotionen) zu spüren und zu benennen. Erst danach werden Sie in die Phase des Ausdrucks übergehen. An diesem Punkt wird dieses Buch auch für Sie relevant werden. Erfahrungsgemäß wird sich die Wut zunächst immer stärker im Äußeren zeigen. Das ist ein gutes Zeichen, muss aber unter Beobachtung bleiben, um nicht übermäßig Schaden zu verursachen. Wir Menschen sind emotionale Wesen. Es ist gut, wenn wir unsere Emotionen spüren. Jedoch ist der gute Umgang damit ebenso wichtig.

Zweitens unterscheide ich beim Umgang mit Wut nicht zwischen Geschlechtern, Kulturen, Ethnizitäten, sozialen Hintergründen oder anderen Unterscheidungsmerkmalen. Was das Alter betrifft, so wende ich mich an alle, die älter als 18, besser noch als 21 Jahre alt sind. Alle anderen Merkmale sind für den Umgang mit Wut irrelevant. Wenn Sie häufig „ein starkes Gefühl des Ärgers, des Unmuts oder der Feindseligkeit" empfinden, ist dieses Buch für Sie. Sie wollen dieses Gefühl besser verstehen und handhaben, um Ihr Leben zu verbessern und es friedlicher, produktiver und erfolgreicher zu gestalten. Das Buch ist für jeden anwendbar, aber die Beispiele im Buch sind arbeitsplatzorientiert, da ich diesen Prozess oft mit meinen Kunden in Unternehmen angewendet habe. Meine typischen Klienten sind über 30 Jahre alt und in leitenden Positionen. Es gibt natürlich auch Ausnahmen.

1

WIE MAN DIESES BUCH VERWENDET

„Die richtige Frage zu stellen, ist die halbe Lösung des Problems."

— CARL JUNG

Nutzen Sie dieses Buch, als würden Sie an einem Coaching-Workshop teilnehmen.

In der Einleitung legen wir den Umfang und die Grenzen dieses Buches fest. Dann schauen wir uns das mentale Modell an: STOP! -1-2-3. Wir werden dieses Modell verwenden, um Wut-Vorfälle zu analysieren und aufzulösen. Sie werden sich dann selbst durchleuchten, um besser zu verstehen, wer Sie wirklich sind und was Sie wollen. Fragen, Checklisten und To-Do-Listen werden Ihnen bei der Selbsterkundung helfen. Abschließend veranschaulicht eine Fallstudie das angewandte mentale Modell und den Prozess der Wut-Behandlung.

Jedes Kapitel schließt mit einer Zusammenfassung ab und am Ende des Buches finden Sie das Literaturverzeichnis und Formblätter. Sie können diese auf unbestimmte Zeit nutzen, um künftige Wut-Anfälle zu analysieren, zu verstehen und immer weitere Erkenntnisse zu gewinnen.

Am besten arbeiten Sie sich linear durch dieses Buch — Kapitel für Kapitel. Fühlen Sie sich frei, an den vorgesehenen Stellen oder an anderen Stellen des Buches zu schreiben. Wenn Sie den Inhalt hilfreich finden, machen Sie ihn sich zu eigen und beziehen Sie sich so oft wie nötig darauf. Parallel wäre es gut, ein Arbeitsheft anzulegen, in dem Sie Ihre Erkenntnisse aufschreiben. Der Prozess des aktiven Schreibens wird Sie in Ihrem neuen Denken und Verhalten unterstützen.

Parallel dazu empfehle ich Ihnen, eine Stimmungs-Tracker App wie Moodscope Lite von Hosford und Ashcroft (Link im Abschnitt Literaturverzeichnis) zu verwenden, um Ihre Stimmungen, Auslöser und Vorfälle zu dokumentieren, während Sie dieses Buch durcharbeiten. Es wird Ihnen die Augen öffnen, wie Ihre aktuelle Lebenssituation tatsächlich ist. Ich weiß aus Erfahrung, dass eine solche Dokumentation schnell aufzeigen kann, was Sie am meisten irritiert und aus der Bahn wirft. Es ist der schnellste Weg, sich darüber bewusst zu werden, was täglich mit Ihnen geschieht.

Wenn Sie das Buch beendet haben, sollten Sie in der Lage sein:

- sich selbst besser zu kennen und wissen, was Sie wollen und was nicht
- Ihre aktuelle Situation besser zu verstehen
- zukünftige Ereignisse, die Sie möglicherweise triggern könnten, vorherzusehen
- nicht mehr automatisch auf Auslöser zu reagieren
- zu erkennen, wo Sie stehen und was Ihr nächster Schritt sein könnte

Nutzen Sie jeden unangenehmen Vorfall, den Sie erleben, um Ihr Bewusstsein, Ihr Selbstbewusstsein und Ihre Widerstandsfähigkeit zu entwickeln.

Trainieren Sie in Zukunft, keine Angst vor Veränderungen oder neuen Verhaltensweisen zu haben. Bewegen Sie sich oft aus Ihrer Komfortzone heraus, indem Sie ständig neue Erkenntnisse und Ideen ausprobieren. Nehmen Sie sich die

Zeit, die Dinge langsam anzugehen und Ihre Reaktionsmuster anzupassen. Versuchen Sie nicht, zu schnell alles erreichen zu wollen, sondern gehen Sie strategisch vor. Sie haben alle Zeit, die Sie brauchen. Erinnern Sie sich regelmäßig daran, dass Ihr Leben Ihnen gehört und dass Sie es managen können. Wenn Sie Ihren Weg mit Bewusstheit, Achtsamkeit und Selbsterkenntnis beschreiten, wird sich Ihnen jeder weitere Schritt von selbst erschließen. Das ist ein Versprechen.

Zusammenfassend lässt sich sagen, dass dieses Buch Sie auf eine neue Art und Weise inspirieren und Ihnen gleichzeitig eine praktische, wirksame und unkomplizierte Methode zur Bewältigung Ihrer Wut-Problematik an die Hand geben wird.

Ich hoffe aufrichtig, liebe Leserin, lieber Leser, dass es Ihnen einen Neuanfang im Umgang mit anderen ermöglicht, besonders wenn die Emotionen hochkochen.

2

WUT VERSTEHEN

„Schau tief in die Natur, dann wirst du alles besser verstehen."

— *ALBERT EINSTEIN*

Paul Ekman ist ein Wissenschaftler, der umfangreiche Forschungen über menschliche Gefühle und Emotionen durchgeführt hat, insbesondere darüber, wie sich diese in den Mikroausdrücken des Gesichts zeigen. Ekman beschreibt sieben universelle Emotionen:

- Wut, Verachtung, Ekel, Freude, Angst, Traurigkeit und Überraschung.

Er betrachtet Wut als eine der stärksten Emotionen und behauptet, dass die primäre Botschaft der Wut einfach lautet: „Geh mir aus dem Weg!"

David R. Hawkins unterscheidet zwischen

- negativen Gefühlen wie Scham, Schuld, Apathie, Traurigkeit, Angst, Lust, Wut und Stolz und
- positiven Gefühlen wie Mut, Neutralität, Nützlichkeit, Akzeptanz, Vernunft, Liebe und Frieden.

Er untersucht die Schwingungen der einzelnen Gefühle und zeigt auf, wie sie unser Denken negativ oder positiv beeinflussen können.

Theoretisch gesehen gibt es viel über Wut und ihre verschiedenen Ausdrucksformen zu sagen. Um Dinge zu verstehen, ist es wichtig, mit der einfachsten Variante zu beginnen.

In meiner Praxis mit Klienten und meiner persönlichen Erfahrung stelle ich fest, dass Wut am häufigsten aufkommt, wenn andere uns und unsere Grenzen nicht respektieren. Als Antwort unterdrücken wir unsere Wut (Depression) oder wir bringen sie zum Ausdruck (Aggression). Die bewusste

Entscheidung, sich zunächst auf diese beiden Formen des Wut-Ausdrucks und das Setzen von Grenzen zu konzentrieren, hat meinen Klienten geholfen, ihre Wut-Anfälle schneller zu bewältigen. Dieses einfache Vorgehen hat ihnen die Kontrolle über ihr Leben zurückgegeben.

Wenn wir Grenzen setzen, schaffen wir einen von uns gewählten sicheren Raum, von dem aus wir handeln können. Durch die Grenzen haben diejenigen, die unseren Geist reizen, keinen Zugang zu unserer Welt. Die Anzahl unnötiger Wut-Ereignisse wird dadurch reduziert. Innerhalb dieser Grenzen gewinnen wir die Kontrolle über unser Leben und sind nun frei, in aller Ruhe Selbstliebe, Selbstwert und Selbstachtung weiterzuentwickeln. Sobald wir eine stabile Basis und ein friedvolles Leben geschaffen haben, können wir unsere Grenzen weiter ausweiten.

Ich habe zum Beispiel festgestellt, dass ich meine Wut während meiner Entwicklung ganz unterschiedlich zum Ausdruck gebracht habe. Anfangs habe ich meine Wut eher unterdrückt, was zu einem stillen, unter der Oberfläche schwelenden Groll führte. Dann lernte ich, meiner Wut Ausdruck zu geben und genoss sogar eine Zeit lang das Gefühl, das sie mir gab, was dazu führte, dass ich meine Wut zu oft zum Ausdruck brachte und unter deren Folgen litt. Durch die

Anwendung des dreistufigen mentalen Modells und Prozesses habe ich sehr schnell neue Einsichten gewinnen können, die mir halfen und heute noch helfen, mich selbst und meine Wut zu reflektieren und bewusst und mit Intention zu reagieren.

In diesem Buch unterscheide ich zwischen Gefühlen und Emotionen.

Gefühle sind vorübergehende Erscheinungen, während Emotionen anhaltend sein können und sich über längere Zeit im Körper aufhalten. Oxford Languages macht da keinen Unterschied und definiert ein Gefühl als „einen emotionalen Zustand oder eine Reaktion".

Gefühle sind die erste körperliche Reaktion auf unsere Gedanken. Gedanken triggern Gefühle. Wenn wir unsere Gefühle richtig verarbeiten, dann ziehen sie durch unseren Körper durch, so wie die Wolken durch den Himmel. Wenn wir Gefühle nicht verarbeiten und sie in unserem Körper verweilen lassen, verwandeln sie sich in emotionale Zustände. Diese können sich negativ auf unsere geistige und körperliche Gesundheit, insbesondere auf unser Immunsystem, auswirken, denn je intensiver die negativen Gefühle sind, desto niedriger ist das Energieniveau unseres Körpers.

Jede starke Emotion, die Sie lange in sich tragen—nicht nur Wut—zeigt Ihnen, dass es zweifellos an der Zeit ist, Ihre Aufmerksamkeit wieder auf sich zu lenken, neue Energie zu tanken, zu reflektieren und herauszufinden, warum die jeweilige Emotion präsent ist.

Wir können mit einer oder mehreren Emotionen gleichzeitig zu kämpfen haben. In meiner Arbeit mit Klienten habe ich festgestellt, dass emotionale Zustände von Scham und Schuld oft unbewusste Überbleibsel der elterlichen Erziehung sind.

Apathie und Traurigkeit können auf frühere Traumata, unverarbeitete Trauer und selbst unterdrückende Tendenzen hinweisen, die uns daran hindern, unser Leben voll zu erleben. Lust, Wut und Stolz deuten in der Regel auf ein überaktives und unzureichend kontrolliertes Ego-Selbst hin. Wut weist oft, wie oben bereits ausgeführt, auf offene Grenzen hin.

Unser Ziel bei der Wut-Bewältigung ist es, aus dem Wut-Zustand recht schnell auszusteigen und so lange wie möglich in einem stabilen, positiven Gefühlszustand zu verweilen, sei es Mut, Neutralität, Nützlichkeit, Akzeptanz, Vernunft oder Liebe. Die Vorteile liegen auf der Hand.

WUT-MANAGEMENT: NIE WIEDER EXPLODIEREN!

3

IHRE WUT-AUSLÖSER

„Unbeherrschter Zorn züchtet Wahnsinn."

— SENECA

Wie wir wissen, ist explosive Wut ungesund. Wut richtet in unserem Körper Schaden an und kann unseren Ruf und unsere Beziehungen ruinieren. Lassen Sie uns also die Auslöser unserer Wut verstehen und es vermeiden, wahllos und unbewusst in Wut oder gar Zorn zu geraten.

Ein Auslöser (Trigger) kann ein Wort, ein Verhalten oder ein bestimmter Gesichtsausdruck Ihres Gegenübers sein, der in

Ihnen eine emotionale Reaktion auslöst, wie zum Beispiel Wut.

Die eigene Wut zu beherrschen bedeutet, sich der Auslöser im Voraus bewusst zu werden, die eine emotionale Reaktion hervorrufen könnten. Ihre Reaktion wird nur dann bewusst sein, wenn Sie sich Ihres Auslösers bewusst sind.

Zum Beispiel, wenn ich mir bewusst bin, dass Loyalität mir viel bedeutet, kann ich schneller Frühzeichen von Illoyalität erkennen und so weniger heftig auf damit verbundene Vorfälle reagieren. Meine Bewusstheit hilft mir, meine Reaktion zu mildern.

Um die Situation zu beherrschen, müssen Sie Ihre Reaktion auf Ihre aktuellen Auslöser vorher grob vorbereiten, denn wenn der Auslöser erst einmal da ist, ist es einfach zu spät. Wenn Sie diesen Prozess gewissenhaft anwenden, werden Sie nie wieder vor Wut explodieren.

WAS SIND AUSLÖSER?

Ein Auslöser (Trigger) ist also ein Wort, ein Verhalten oder ein bestimmter Gesichtsausdruck Ihres Gegenübers, der in Ihnen eine emotionale Reaktion auslösen könnte. Ein Auslöser kann passiv oder aktiv, universell oder persönlich sein.

Passive und aktive Auslöser

Passive Auslöser sind Auslöser, mit denen Sie bereits zu tun hatten und die Sie überwunden haben oder Auslöser, die Ihnen noch nicht bewusst sind.

Aktive Auslöser sind wie offene Wunden, die Sie in diesem Moment am meisten verletzbar machen. Wenn Sie bewusst mit Ihren Auslösern arbeiten und diese beherrschen, können Sie die aktiven Auslöser mit etwas Übung in passive Auslöser umwandeln (und heilen).

Universelle Auslöser

Universelle Auslöser sind alle Menschen gemeinsam; persönliche Auslöser gelten spezifisch für Sie. Dies sind die fünf emotionalen Auslöser, die wir alle als Menschen haben; sie sind immer aktiv.

Fünf universelle Auslöser	Beschreibung
Unhöflichkeit	Jemand ist unhöflich zu uns.
Vertrauensbruch	Jemand bricht unser Vertrauen, täuscht uns oder führt uns in die Irre.
Abweisung	Jemand weist uns zurück und erteilt uns eine Abfuhr.

Fünf universelle Auslöser	Beschreibung
Mangel an Wertschätzung	Jemand zeigt uns, dass wir nicht geschätzt werden.
Mangel an Respekt	Jemand verletzt unsere Grenzen und respektiert sie nicht.

Tabelle: Fünf universelle Auslöser

Persönliche Auslöser

Um sich einen Gesamtüberblick über alle Ihre aktiven Auslöser zu verschaffen, müssen wir auch Ihre persönlichen Auslöser kennen. Sie werden mindestens zwei bis drei haben. Diese Auslöser verhalten sich ähnlich wie Pollen, die eine Allergie (Reaktion) auslösen können.

Um Ihre persönlichen Auslöser zu finden, denken Sie an Ihre letzten Wutausbrüche zurück. Erinnern Sie sich an Vorfälle, bei denen Sie intensive Wut empfunden haben oder wütend explodiert sind. Leichte Irritationen zählen nicht.

Wählen Sie ein Ereignis aus und fragen Sie sich: was ist vorgefallen und — noch wichtiger — was war der Auslöser des Vorfalls? Das ist der erste persönliche Auslöser.

Analysieren Sie ein oder zwei weitere Vorfälle, indem Sie sich fragen, wer oder was Sie sonst noch ähnlich wütend macht. Was provoziert Sie immer wieder aufs Neue? Dies sind Ihre weiteren persönlichen Auslöser.

Beispielsweise tragen Sie das Trauma in sich, in Ihrer Kindheit von Ihren Eltern nicht gehört worden zu sein. Wann immer Sie also das Gefühl haben, dass Ihnen jemand nicht zuhört, löst das bei Ihnen aufgrund dieser nicht geheilten schmerzhaften Kindheitserinnerung Wut aus. Wenn Sie sich ungehört fühlen, reagieren Sie mit Wut.

Um keine Auslöser zu übersehen, können Sie mithilfe der folgenden Checkliste Ihre aktuelle Lebenssituation noch einmal überprüfen. Fragen Sie sich:

- Welche dieser acht Emotionen sind Ihnen am vertrautesten?
- Wann fühlen Sie diese Emotionen am häufigsten?
- Was löst bei Ihnen folgende Emotion aus?

Stolz	Sie identifizieren sich mit Ihren Errungenschaften, Ihrem Status oder Ihren Besitztümern und sehen andere als minderwertiger an als sich selbst.

Wut	Sie haben das Gefühl, dass andere Sie oft enttäuschen, Ihre Erwartungen nicht erfüllen oder Ihre Regeln verletzen.
Sehnsucht	Sie wünschen sich, dass die Dinge anders sind als sie sind. Sie neigen dazu, die Realität zu ignorieren.
Angst	Sie mögen keine Veränderungen und malen sich die schlimmsten Szenarien aus.
Traurigkeit	Sie haben das Gefühl, etwas zu verlieren, das Ihnen wichtig ist.
Apathie	Sie schieben alles vor sich her und haben keine Energie oder den Willen, zu handeln.
Schuld	Sie denken stets, Sie sollten etwas für andere tun oder dass Sie zu wenig tun.
Scham	Sie haben das Gefühl, dass andere Sie kritisieren und hinter Ihrem Rücken über Sie lästern.

Tabelle: Emotionen

Zum Beispiel könnte Ihre Schwachstelle Stolz sein, auch wenn Sie sich dadurch erstmal besser fühlen. Stolz entsteht, wenn wir nicht wirklich von uns selbst überzeugt sind und unseren Wert anhand von äußeren Faktoren wie Leistung, Status und Besitz definieren. Wenn Sie eine Person sind, die übermäßig stolz auf ihre Leistungen ist, und jemand kritisiert Sie (Ihr Auslöser), werden Sie unweigerlich wütend werden (Ihre Reaktion). Der verletzte Stolz verwandelt sich in Wut und schlägt nach außen. Solche Situationen können Auslöser sein.

Sehnsucht ist ein kniffliges Thema. Nehmen wir an, Ihre Sehnsucht und Ihr Wunsch ist es, superreich zu werden. Wenn Sie ein leidenschaftlicher Mensch mit vielen Wünschen sind, könnten Sie die perfekte Zielscheibe für Vermarkter oder im schlimmsten Fall für Betrüger sein. Wenn ein cleverer Vermarkter es mit einem Plan, wie man schnell reich wird, auf Sie abzielt, kann dies zu einem teuren Impulskauf führen, den Sie später immer bereuen. Ein weiterer Auslöser, der zu Reue führt.

Konzentrieren Sie sich bei dieser Übung jedoch auf das, was Sie wütend machen könnte — denn das ist unser Thema in diesem Buch — und notieren Sie alle anderen emotionalen Auslöser für zukünftige Verarbeitungen. Der Prozess der Desensibilisierung ist derselbe.

WAS SIND REAKTIONEN?

Im ersten Schritt sollten Sie sich Ihre emotionalen Auslöser bewusst machen. Nehmen wir an, wir haben sieben aktive Auslöser gefunden. Sie reagieren emotional, wenn jemand

1. unhöflich zu Ihnen ist,
2. Ihr Vertrauen bricht, Sie betrügt oder in die Irre führt,
3. Sie zurückweist und abblitzen lässt,
4. Ihnen zeigt, dass er Sie nicht schätzt,
5. eine Ihrer Grenzen verletzt,
6. Ihre Arbeit kritisiert,
7. Ihnen nicht zuhört.

Diese Bewusstmachung ist ein großer Schritt in die richtige Richtung.

Der zweite Schritt zur Impulskontrolle besteht darin, Ihre Reaktion innerlich und äußerlich vorzubereiten.

Innere Reaktion

Sie werden den Auslöser innerlich im Moment des Geschehens wahrnehmen, denn Sie sind sich dessen bereits bewusst. Er wird Sie daher nicht überraschen oder Sie nicht unbedingt zu einer Reaktion veranlassen können. Sie können sich daher den Luxus leisten, den Auslöser zu spüren und gleichzeitig bewusst darüber zu reflektieren, was als Nächstes ansteht. Sie können genau in dem Moment bewusst innehalten. Damit haben Sie die Kontrolle in der Hand.

Äußere Reaktion

Je anmutiger, neutraler und sanfter Sie nach außen auf einen Auslöser reagieren, desto reifer sind Sie bereits geworden. Humor ist zum Beispiel eine gute Reaktionsmöglichkeit, allerdings nie auf Kosten der anderen. Sie können sich auch dafür entscheiden, nichts zu sagen und weiterzugehen, oder Sie können eine ausführlichere Antwort bereits vorab für solche Situationen vorbereiten und dann nutzen. Zum Beispiel, jemand weist Sie zurück. Sie sagen sich, eine solche Zurückweisung muss nicht unbedingt persönlich gemeint sein, sondern einer Tatsache geschuldet sein, die Sie nicht kennen. Daher nehmen Sie die Sache nicht persönlich, reagieren nicht nach außen und gehen einfach weiter.

WIE SIE SICH AUF POTENZIELLE WUT-EREIGNISSE VORBEREITEN

Der Trick besteht darin, sich sorgfältig auf Ihre potenziellen Auslöser vorzubereiten, um angemessen und deeskalierend reagieren zu können. Wenn Sie innerlich ruhig bleiben, haben Sie den Luxus, die angemessene Reaktion zu wählen.

Der folgende wegweisende Gedanke könnte Ihnen helfen:

Wenn Sie wütend reagieren, hat die andere Person mehr Macht über Sie als Sie über sich selbst. Fragen Sie sich: Will ich das?

Wenn Ihnen in einer emotional belastenden Situation die Worte fehlen, antworten Sie leichthin mit „Oh, wow!", „Oh, mein Gott!", „Das überrascht mich." oder "Das gibt's doch nicht." Oder humorvoll: „Sag doch sowas nicht." Oder Sie sagen nichts. Merken Sie sich aber den Vorfall und dessen Details, um ihn später in Ruhe zu untersuchen. Das sollte zur Gewohnheit werden, denn Sie können aus jedem Vorfall etwas über sich und andere lernen. So können Sie sich selbst coachen und weiterentwickeln.

Bei allen noch so schmerzhaften Vorfällen gibt es mindestens einen positiven Aspekt. Suchen Sie danach, denn es gibt ihn immer. Was ist das Gute, das aus dieser Situation entstehen wird?

Wenn Sie dieses erkennen und sich darauf konzentrieren, verringert sich auf wundersame Weise der Schmerz und Sie werden sich sofort besser fühlen.

Angenommen, jemand verletzt eine Ihrer Grenzen, indem er Ihr „Nein" partout nicht akzeptiert. Wenn Sie es schaffen, bleiben Sie ruhig und wiederholen ruhig einfach Ihr „Nein". So stellen Sie die Grenze wieder her. Bleiben Sie dabei. Wenn es aber eine komplizierte Situation ist, versuchen Sie nicht, das Thema der Grenzüberschreitung in dem Moment anzugehen und zu klären. Nehmen Sie sich ausreichend Zeit für eine wohlüberlegte Strategie, bevor Sie handeln. Wie das geht, wird im Weiteren beschrieben.

Wenn jemand unhöflich zu Ihnen ist, sollten Sie wissen, dass Menschen unterschiedliche Verhaltenskodizes haben. Was für Sie unhöflich ist, muss für den anderen nicht Unhöflichkeit bedeuten. Beispielsweise ist es in Asien unhöflich, das eigene Essen nicht mit anderen zu teilen, während in unseren europäischen Kreisen das Gegenteil gilt.

Wenn die Sache aber eindeutig unhöflich ist, ignorieren Sie die Provokation und gehen ruhig weiter. Es lohnt sich nicht, Ihre Energie mit dem Fehlverhalten anderer zu vergeuden.

Nehmen wir an, dass jemand Ihr Vertrauen bricht. Eine solche Situation kann erschütternd sein und muss im Stillen verarbeitet werden. Zunächst können Sie froh sein, wenn die Person Ihnen ihr wahres Wesen gezeigt hat. Später können Sie analysieren, ob und wo Sie Frühwarnzeichen übersehen haben und aus der Situation für die Zukunft lernen. Der Schmerz wird mit der Zeit erträglicher werden. Sie werden durch das

Ereignis ein weiteres Stück Lebenserfahrung gewinnen und wachsen. Das ist sicher.

Wenn Sie von jemandem zurückgewiesen werden, sollten Sie zunächst herausfinden, ob es persönlich gemeint war oder nicht. Manche Menschen lehnen gewohnheitsmäßig ab, und Sie sind dann einer von vielen. In diesem Fall tun Sie den Vorfall als irrelevant ab. Wenn Sie die einzige Zielperson sind, analysieren Sie den Vorfall sorgfältig, um wie immer für sich daraus zu lernen. Das Leben ist eine Schule.

Jemand zeigt Ihnen, dass er Sie und Ihre Arbeit nicht schätzt oder kritisiert. Das kann ebenfalls schmerzvoll sein. In diesem Fall ist es wichtig, Ihr Gegenüber nach Einzelheiten zu fragen und nach Beispielen. So können Sie seine Meinung validieren. Kämpfen Sie nicht dagegen an, denn sein Feedback wird Ihnen vor Augen führen, wie Sie auf andere wirken. Ihr Ruf ist ein wichtiger Bestandteil Ihres Erfolgs. Nutzen Sie alle Hinweise, die Sie bekommen, um Ihren Ruf zu kennen und bei Bedarf zu verbessern. Idealerweise liegen die Eigen- und Fremd-Sicht nah beieinander.

In den meisten Fällen versuchen andere, uns zu helfen, indem sie uns Feedback geben, aber oft kommt es verschroben an. Das ist einfach eine Kommunikationsschwäche.

Wenn Sie aber das Gefühl haben, dass andere gemein zu Ihnen sind, hören Sie sich dennoch an, was sie zu sagen haben. Machen Sie sich dabei bewusst, dass die anderen in Wirklichkeit so über sich selbst denken. Was andere bei Ihnen kritisieren, ist in Wahrheit ihre Selbstkritik. Da sie diese schmerzhaften Dinge über sich aber nicht wahrhaben wollen, projizieren sie die Selbstkritik auf Sie. Das ist ein sehr häufig vorkommendes Phänomen. Es wird aber nur zum Problem, wenn wir deren Selbstkritik annehmen und uns zu eigen machen. Mit der Zeit werden Sie solche Stellvertreter-Situationen sofort erfassen.

Nehmen wir an, jemand hört Ihnen nicht zu. Sie beschließen, dass Sie es nicht persönlich nehmen, denn meistens ist es nicht Ihre Schuld. Viele Menschen sind keine guten Zuhörer. Nutzen Sie die Gelegenheit, um innezuhalten und herauszufinden, warum Sie sich daran stören. Analysieren Sie auch, wie Sie auf andere wirken und warum sich Ihr Gegenüber erlaubt, Sie zu ignorieren. Vielleicht hat Sie Ihr Gegenüber falsch eingeschätzt. Was auch immer es ist: Sie können es nach und nach korrigieren und alle zukünftigen Interaktionen entsprechend anpassen, so dass diese Situation nicht wieder aufkommen kann. Sich Respekt zu verschaffen ist wichtig. Sie können parallel selbst üben, ein besserer Zuhörer zu werden.

Stellen Sie sich nun folgendes Szenario vor:

Sie führen ein Gespräch mit Ihrer Chefin und sie erwähnt ein Dokument, das Sie ihr letzte Woche geschickt haben. Es war ein Dokument, in das Sie viel Zeit investiert hatten und mit dessen Ergebnis Sie sehr zufrieden waren. In der Erwartung, dass sie Sie für den Inhalt und die pünktliche Lieferung lobt, stellt Ihre Chefin klar, dass es nicht das war, was sie erwartet hatte. Ihre Stimme lässt Sie zusammenzucken und Sie spüren, wie Irritation in Ihnen aufsteigt. Da Sie sich auf solche Szenarien vorbereitet haben, sagen Sie sich: „Bleib ruhig".

Mit leiser Stimme hören Sie sich sagen: „Das überrascht mich; sagen Sie mehr dazu." Dann warten Sie geduldig. Ihre Chefin beginnt mit der Feststellung, dass ein Aspekt eines Arguments im Dokument fehlte; ansonsten war es, abgesehen von einigen Tippfehlern, sehr gekonnt zusammengestellt. Einen Teil des Inhalts hatte sie bereits für ein wichtiges Telefonat mit Kunden verwendet.

Da haben Sie verstanden, dass Ihre Chefin noch nicht sehr versiert darin ist, konstruktives Feedback zu geben, aber damit können Sie umgehen. Außerdem beglückwünschen Sie sich im Stillen dazu, dass Sie nicht durchgedreht sind. „Siehst du", sagen Sie sich, „es ist doch gar nicht so schlimm."

4

DAS STOP! -1-2-3 MODELL

„Höre nicht auf die Person, die die Antworten hat;
höre auf die Person, die die Fragen hat."

— *ALBERT EINSTEIN*

Wie sich herausstellt, hängt alles mit allem anderen zusammen. Je mehr Sie einen Fall analysieren, desto mehr Ideen und Erkenntnisse werden Sie haben, die relevant erscheinen. Im Gespräch mit anderen kommen weitere Meinungen hinzu. Leider neigen wir dazu, diese Informationen nur in unseren Köpfen zu behalten, was unser Gehirn überlastet und den Fortschritt hindert. Das ist die bekannte

Paralyse durch Analyse. Ohne eine Struktur, mit der Sie Ihre Gedanken sammeln und ordnen können, kann alles, worüber Sie nachdenken oder mit anderen diskutieren, mit der Zeit verwirrend werden.

Ich empfehle Ihnen, einen Stift und Papier oder einen Computer zu benutzen, um in solchen Fällen den Geist freizumachen und zu entlasten. Dies ist ein äußerst entspannender Schritt.

Das STOP! -1-2-3-Modell bietet eine Struktur für die Aufnahme jener Gedanken, die im Zusammenhang mit Konflikten und emotionalen Vorfällen entstehen. Es bietet Ihnen eine Methode zur Analyse von Wut-Vorfällen. Diese beziehen sich in der Regel auf einen Konflikt, der im Hintergrund aktiv ist. Wenn Sie verschiedene Vorfälle untersuchen, werden Sie auf Muster stoßen, die auf den zugrunde liegenden Konflikt hinweisen. Wenn Sie gerne recherchieren und dabei neutral und unparteiisch bleiben, kann dieser Prozess Spaß machen. Sie werden überraschende „Aha"-Momente erleben. Sie werden auch entdecken, dass Sie mehr in Ihrem Leben beeinflussen können, als Sie bisher dachten.

WIE MAN EINEN VORFALL ANALYSIERT

Das STOP! -1-2-3 Modell umfasst zwei Bestandteile: die obere Hälfte und die untere Hälfte, entsprechend der zwei Phasen der Reflexion:

- **Ein Tool für die Analyse:** Die obere Hälfte hilft Ihnen, den Vorfall und den zugrunde liegenden Konflikt in drei Schritten zu analysieren.
- **Ein Tool für das Lösungsdesign:** Die untere Hälfte hilft Ihnen, die Lösung für den Konflikt in drei Schritten zu entwerfen.

Das Modell zielt darauf ab, Sie zügig von der Analyse zur Lösung zu bringen, da die meisten Probleme viel zu lange in der Analysephase verbleiben. Manche kommen nie zur Lösung.

ANALYSE

1 Sie
2 Kontext
3 Der / die Andere

Vorfall

STOP!

LÖSUNGS-DESIGN

Fünf Potenzielle Ziele

1. Selbstentwicklung (immer empfohlen)
2. Zukünftige Vorfälle verhindern (immer erforderlich)
3. Vollständige Lösung des zugrunde liegenden Konflikts (in 20-30% der Fälle möglich)
4. Rehabilitation der Beziehung (in 5-10% der Fälle möglich)
5. Milderung, Mäßigung und Bewältigung des Konflikts, d.h. sich damit abfinden (in 5-10% der Fälle erforderlich)

Standpunkt: Ziele & Strategie

Schritte

Plan-Verfeinerung und neue Schritte

Der Konflikt ist unter Kontrolle: Gelöst oder gemanagt

Plan

Drei Potenzielle Strategien

1. Vermeidung oder Nichtstun
2. Kontrolliertes Setzen von Grenzen
3. Konsens- und Kompromiss-Suche

©2022 ZARMINA PENNER. ALLE RECHTE VORBEHALTEN

Abbildung: Das Stop! -1-2-3 Mentales Modell: Analyse und Lösungsdesign

DAS ANALYSE-TOOL

STOP! -1-2-3, die obere Hälfte

Abbildung: Das Stop! -1-2-3 Mentales Modell: Analyse-Tool

Schritt STOP!: Beschreiben Sie grob den Vorfall und erzählen Sie die Geschichte.

Sobald Sie einen Wut-Vorfall erleben und anfangen, sich im Nachhinein darüber Gedanken zu machen, sagen Sie sich STOP! Halten Sie sich an und nehmen Sie sich etwas Zeit, um sich zu beruhigen, bevor Sie irgendetwas unternehmen.

Beschreiben Sie nun den Vorfall, Ihre Reaktion auf den Auslöser und die Lücke zwischen Auslöser und Reaktion. Achten Sie darauf, was Sie in der Beschreibung aufführen, was Sie weglassen, und wie Sie die Geschichte erzählen. Achten Sie darauf, ob Sie in der Geschichte von einem Opfer und einem Täter reden und ob Sie sich selbst als machtloses Opfer darstellen. Achten Sie darauf, wie Sie sich selbst und die andere Person einschätzen. Wenn Sie dabei sehr emotional werden und stark leiden, kann der Vorfall möglicherweise zusätzlich mit der Vergangenheit zusammenhängen. Sie verknüpfen unbewusst diesen Vorfall mit Erinnerungen an ähnliche Vorfälle mit derselben oder anderen Personen, die nichts mit dem aktuellen Vorfall zu tun haben. Eine hohe Emotionalität bei der Reaktion auf einen eventuell unwesentlichen Auslöser ist oft ein Hinweis auf unerledigte Konflikte aus früheren Jahren.

Schritt 1: Wir schauen auf Sie und wie Sie den Vorfall beeinflusst haben.

Lesen Sie durch, was Sie in der Vorfall-Beschreibung unter STOP! geschrieben haben. Arbeiten Sie heraus, was Sie persönlich betrifft: den Auslöser, Ihre Gefühle dabei und Ihre Reaktionen. Was haben Sie getan oder nicht getan? Wie haben Sie zu dem Vorfall beigetragen? Sie merken zum Beispiel, dass Ihr Ton schon zu Beginn des Gesprächs aggressiv gewesen war und so möglicherweise die andere Person provoziert haben könnte. Hier ist Ehrlichkeit wichtig. Fragen Sie sich: „Wofür muss ich die Verantwortung übernehmen?"

Schritt 2: Wir schauen auf den Kontext und wie der Vorfall zustande gekommen ist.
Schreiben Sie alle Aspekte des Vorfalls auf, die mit dem Kontext zusammenhängen. Gibt es Aspekte, die solche Vorfälle indirekt fördern könnten? Wie hat der Kontext zu dem Vorfall beigetragen? Gab es begünstigende Faktoren, wie zum Beispiel. Unklarheiten oder kulturelle Aspekte? Hat zum Beispiel der Vorfall im Büro stattgefunden. In Ihrem Unternehmen werden laute Auseinandersetzungen geduldet, da sich keiner in der Führungsebene für die Kommunikationshygiene zuständig fühlt. Der Vorfall, an dem Sie beteiligt waren, war einer von vielen.

Schritt 3: Wir schauen auf die andere Person und wie diese den Vorfall beeinflusst hat.
Schreiben Sie schließlich auf, wie die andere Person aus Ihrer Sicht zum Vorfall beigetragen hat. Die wichtigsten Fragen, die Sie sich stellen sollten, sind: Respektiert die andere Person Sie und Ihre Grenzen? Wie hat die Person selbst zu dem Vorfall beigetragen? Was sagt Ihnen Ihr Bauchgefühl? Zum Beispiel handelte es sich in Ihrem Vorfall um den Zustand der Büro-Küche. Sie sind im Team derjenige, der am meisten unter

Unordnung leidet, so haben Sie es sich zur Aufgabe gemacht, für Ordnung zu sorgen. Gerade gestern haben Sie mit dem Kollegen, mit dem Sie heute den Vorfall hatten, gesprochen und auf die gemeinsam aufgestellten Regeln hingewiesen. Er warf Ihnen mit einem scharfen Ton vor, dass Sie nicht das Sagen hätten, kein anderer würde sich daran stören. Sie hätten etwas gegen ihn persönlich. Es ginge gar nicht um die Küche. Auf diese Unterstellung hin sind Sie vor Wut explodiert.

Diese systematische Methode hilft uns, nicht sofort mit dem Finger auf den anderen zu zeigen, eine natürliche Tendenz, die wir lernen müssen, zu unterdrücken.

Beachten Sie, dass wir bei der Analyse nicht von der Geschichte des Vorfalls (STOP!) direkt zu (Schritt 3) der anderen Person übergehen; stattdessen nehmen wir den längeren Weg und erkunden zuerst den Vorfall (STOP!) und unseren Beitrag zum Vorfall (Schritt 1). Dann betrachten wir den Kontext und dessen Beitrag (Schritt 2) und erst dann den Beitrag des anderen (Schritt 3). Wenn Sie sich angewöhnen, auf diese Weise zu reagieren, hat das enorme Vorteile und fördert Ihre Selbstbeherrschung und -entwicklung. So werden Lösungen erst möglich, sonst verbleiben wir in einem unendlichen Auslöser-Reaktions-Zyklus.

Sie haben nun den Vorfall ausreichend erfasst, um zu einer möglichen Lösung übergehen zu können. Um nicht stecken zu bleiben, üben Sie, mit dem erarbeiteten Wissen aus der Analyse zufrieden zu sein. Ausreichend zu wissen bedeutet, 80 % Klarheit zu haben, denn wir können nie alles (100 %) über einen Vorfall wissen. Mit etwas Übung lernen Sie zu erkennen, wann genug ist. Dann schließen Sie die Analyse ab. Mut zur Lücke ist wie so oft auch hier ratsam.

Lassen Sie uns im Folgenden das Analyse-Tool einmal anwenden.

STOP! — Die Beschreibung des Vorfalls:
"Heute Morgen hatten Sie bei der Arbeit einen Zwischenfall mit einem jüngeren Kollegen, der einen minderwertigen Beitrag für ein gemeinsam zu produzierendes Dokument geliefert hat. Sie kennen Ihren Kollegen gut und hatten diesen Vorfall bereits vor zwei Wochen zu Beginn der Arbeit vorhergesehen. Sie haben ihn gebeten, Sie auf dem Laufenden zu halten und früh genug um Hilfe zu bitten. Jetzt ist Freitagabend und Ihr Abgabetermin ist am Montagmorgen. Sie sind auch wütend, weil Sie wissen, dass soeben Ihre Wochenendpläne über den Haufen geworfen wurden; Sie werden am Wochenende Zeit investieren müssen, um *seinen* Anteil zu kompensieren. Sie wollen eine hochqualitative Arbeit

bei Ihrem Chef abgeben, denn Sie wollen Ihre nächste Beförderung nicht verpassen. Daher ist diese Aufgabe von höchster Wichtigkeit für Sie.

Als er Ihnen seine Arbeit übergab und Sie sie durchgingen, spürten Sie, wie Ärger und Wut in Ihren Körper stiegen. Dies verstärkte den Druck, den Sie ohnehin schon wegen des Dokuments verspüren und es war kein Platz mehr für Einfühlungsvermögen oder Taktgefühl. Mit rotem Gesicht und einer lauteren Stimme als sonst, sagten Sie ihm genau, was Sie dachten. Sie erinnerten ihn an seine Zustimmung, um Hilfe zu bitten, ließen ihn aber nicht zu Wort kommen. Er sah verängstigt aus und ging schnell weg. Später sahen Sie ihn in einer kleinen Gruppe, die sich offenbar über das Geschehene austauschte. „Oh nein, das war's dann wohl mit meinem Ruf", dachten Sie.

Zusammenfassung der wichtigsten Details aus der Beschreibung des Vorfalls unter STOP!:

Vorfall	Details
Zugrunde liegender Konflikt	Zusammenarbeit mit einem jüngeren Arbeitskollegen
Kontext	Arbeitsplatz

Vorfall	Details
Vorfall	Minderwertiger Input für ein wichtiges Dokument
Beteiligte Personen	Sie, der jüngere Mitarbeiter, Ihr Chef und diejenigen, die den Streit beobachtet haben oder später davon erfahren haben
Auslöser	Ein Qualitätsproblem, das durch Zeitdruck und persönlichen Druck verschärft wurde
Reaktion	Wut, laute Stimme, aggressives Verhalten

Tabelle: Vorfall-Beschreibung

Schritt 1: Wir schauen auf Sie.

Betrachten Sie sich selbst und Ihren Beitrag zu diesem Vorfall. Sie hatten mit diesem Vorfall gerechnet, das heißt, es handelt sich nicht um einen Einzelfall. Vor diesem Hintergrund fragen Sie sich:

1. Habe ich mir ausreichend Respekt bei dem jungen Mitarbeiter verschafft und meine Erwartungen klar mitgeteilt?
2. Habe ich den Prozess und die Qualität des Inputs ausreichend gesteuert? Hätte ich früher eingreifen müssen?
3. Hätte ich den Mitarbeiter besser einschätzen müssen und ihm eine andere Aufgabe geben können?
4. Hätte ich mit meinem Chef eine flexiblere Frist für die Erstellung des Dokuments aushandeln können?

Erkenntnisse aus Schritt 1:

Dies ist eine Gelegenheit, zu wachsen und zu lernen, also hat sie auch etwas Gutes. All diese Aspekte liegen bei Ihnen und bei niemandem sonst. Lassen Sie nicht zu, dass sich so etwas noch einmal wiederholt, und lernen Sie als Führungskraft aus dieser Erfahrung. Die Qualitäts-Lücke in solchen Prozessen ist erkannt und muss im Weiteren berücksichtigt werden.

Schritt 2: Wir schauen auf den Kontext.

Da Sie damit gerechnet hatten, handelte es sich nicht um ein einmaliges Ereignis. Es ist wahrscheinlich, dass andere Faktoren im Kontext ebenfalls eine Rolle spielen:

1. Hat man in der Vergangenheit nach ähnlichen Qualitäts-Vorfällen Folgemaßnahmen eingeleitet?
2. Wer ist für den individuellen Entwicklungsplan des Mitarbeiters zuständig und ist diese Person über das Qualitätsproblem informiert?
3. Ist der Prozess der Erstellung qualitativ hochwertiger Dokumente im Allgemeinen gut durchdacht? Gibt es Raum für Verbesserungen?

Erkenntnisse aus Schritt 2:
Überlegen Sie, wie Sie dieses Problem taktvoll und konstruktiv mit der Person, die für den Mitarbeiter verantwortlich ist – Ihren Chef – ansprechen können. Sprechen Sie zuerst die allgemeine Qualität des Prozesses und dann die Rolle des Mitarbeiters dabei an. Auf diese Weise können Sie verhindern, dass sich ähnliche Vorfälle in Zukunft ereignen. Das wäre für das Unternehmen ein Gewinn.

Schritt 3: Wir schauen auf die andere Person.
Qualitätsprobleme mit jüngeren Mitarbeitern sind in erster Linie auf mangelnde Kenntnisse, Fähigkeiten oder Erfahrung zurückzuführen. Angenommen, dass der besagte Mitarbeiter für seine jetzige Rolle geeignet ist und Ihnen gegenüber keine

bösen Absichten hegt und daher minderwertiges Material geliefert hat, können Sie nun folgende Fragen stellen:

1. Ist der Mitarbeiter bereit zu lernen und selbstbewusst genug, um Sie um Hilfe zu bitten?
2. Verfügt er über eine andere hochwertige Fähigkeit, die Sie stattdessen nutzen könnten, das heißt, wie könnte er einen effektiveren Beitrag leisten?
3. Hat er einen Coach oder Mentor, der ihm hilft, sich weiterzuentwickeln?

Erkenntnisse aus Schritt 3:
Wenn Sie häufig mit ihm zusammenarbeiten, könnten Sie Ihren jüngeren Kollegen in seiner Entwicklung unterstützen, indem Sie sein Mentor werden. Eine Entschuldigung für Ihr Verhalten und konstruktives Feedback in einem angenehmen Ton zeigen Respekt und Verständnis ihm gegenüber und begrenzen den Schaden. Als Führungskraft sind Sie Vorbild. Wenn Ihr Chef zustimmt, können Sie sich als Mentor für ihn vorschlagen.

Wenn wir diese drei Erkenntnisse zusammenführen, können wir die Umrisse einer möglichen Lösung erkennen, nicht nur für diesen, sondern auch für künftige Vorfälle. Wir haben nun auch die Möglichkeit, den zugrunde liegenden Konflikt vollständig zu beseitigen.

Anmerkung:
Natürlich ist dies ein ideales Szenario, in dem alle drei Aspekte der Lösung (Schritt 1, 2 und 3) vollständig umgesetzt und in einen kontinuierlichen Verbesserungsprozess umgewandelt werden können. In einer weniger idealen Situation sind Sie vielleicht nicht in der Lage, die Auswirkungen des Kontextes zu ändern oder haben nicht die Möglichkeit, die andere Person direkt zu beeinflussen. In jedem Fall haben Sie aber immer die Möglichkeit, sich nur auf sich selbst zu konzentrieren und Ihr Verhalten zu ändern. Das ist sehr ermutigend, denn es gibt Ihnen Ihre persönliche Macht zurück, etwas zu ändern. Das tut immer gut.

In diesem Fall gibt es noch einen weiteren wichtigen Aspekt, den wir berücksichtigen müssen. Wir haben bei der Analyse festgestellt, dass die Auslöser für den Wutanfall Qualitätsprobleme und Zeitdruck waren. Darüber hinaus scheinen die Karriere und der Lebensweg, das Wohlbefinden und die "Work-Life-Balance" mit dem Vorfall zusammenzuhängen.

Diese tiefer liegenden Aspekte machen den Auslöser in Ihrem Bewusstsein noch potenter. Der Auslöser war bereits unbewusst komplex, weil er sich auf andere wesentliche Bereiche Ihres Lebens bezog, was es Ihnen unmöglich machte, klar zu denken und Ihre Wut unter Kontrolle zu halten. Dadurch war die Episode sehr persönlich.

Es ist leicht, sich auf andere zu stürzen und dabei zu vergessen, dass unser aufgestauter Druck und unsere überhöhten Erwartungen möglicherweise die größten Einflussfaktoren in einem Wut-Anfall sind. Wenn Sie sich darüber im Klaren sind, was Sie im Leben wertschätzen und was wirklich wichtig ist, können Sie den Überblick über alle Einflussfaktoren besser behalten, die Komplexität reduzieren und durch diese Erkenntnisse bewusst andere Prioritäten setzen und Wut-Ausbrüche und Kurzschlusshandlungen in Zukunft verhindern.

Zum Abschluss der Analyse dieses hypothetischen Falles haben wir nun die Möglichkeit, eine Lösung zusammenzustellen:

Schritt 1: Was Sie machen können

1. Handeln Sie vorausschauend: Eine bessere Vorbereitung wird solche Vorfälle verhindern.

2. Überdenken Sie Ihren aktuellen Lebensplan, um sich klar zu werden, was wichtig ist, um den Druck auf sich selbst zu verringern. Konzentrieren Sie sich mehr auf Ihr Wohlbefinden und Ihre Gesundheit als auf ein schnelles berufliches Fortkommen.
3. Beachten und nutzen Sie die Zeitspanne zwischen dem Wut-Auslöser und Ihrer Reaktion. Nehmen Sie sich vor, nie wieder zu explodieren. Auch hier können Sie sich auf die häufig vorkommenden Auslöser vorbereiten und souverän agieren.

Schritt 2: Was Sie im Kontext verbessern können

1. Verhandeln Sie mit Ihrem Chef über Fertigstellungstermine, um den Zeitdruck so weit wie möglich zu minimieren.
2. Bitten Sie Ihren Chef darum, Mentor des jüngeren Mitarbeiters zu werden. So können Sie den Prozess optimieren, aber auch als Führungskraft etwas dazulernen.
3. Arbeiten Sie mit anderen im Unternehmen zusammen, um Arbeitsabläufe ganzheitlich zu optimie-

ren. Zumindest können Sie ein solches Projekt vorschlagen.

Schritt 3: Was Sie im Umgang mit der anderen Person verbessern können

1. Verringern Sie den Schaden dieses Vorfalls durch eine Entschuldigung und ein einfühlsames Gespräch mit dem Kollegen. Klären Sie beiderseitige Erwartungen und stellen Sie die Grenzen wieder her. Zeigen Sie ihm, wie so etwas geht und wie man Probleme lösen kann.
2. Reagieren Sie nicht, wenn Sie wütend sind, vor allem, wenn Sie das Verhalten des Gegenübers bereits antizipieren. Ihre Reaktion sollte nicht spontan und impulsiv sein.
3. Demut, Distanz und Selbstdisziplin sind gute Stützen im Umgang mit weniger qualifizierten Personen. Vergessen Sie nicht, dass Sie die Rolle des Vorbildes innehaben.

Wie Sie sehen, hat dieser einfache Analyseprozess Ihnen bereits geholfen, Ihre Gedanken zu ordnen. Damit haben Sie sich Schritt für Schritt der Lösung bereits genähert, noch bevor Sie die untere Hälfte des Tools konsultiert haben.

Das ist der Vorlauf der Lösungsfindung. Jetzt können wir unseren Denkprozess und die Lösung noch einen Schritt weiter verfeinern.

DAS LÖSUNGSDESIGN-TOOL

Das STOP! -1-2-3 Modell ist ein komplettes Modell für die Analyse (die obere Hälfte der Abbildung oben) und für den Lösungsentwurf (die untere Hälfte).

In der unteren Hälfte des Modells entwerfen wir nun sorgfältig die Lösung für den Vorfall und ihre Umsetzung. Effektive Lösungen haben Ziele, eine klare Strategie und einen Lösungsplan. Es gibt fünf mögliche Ziele und drei mögliche Strategien für den Entwurf eines Lösungsplans. Sie können mehrere Ziele auswählen, jedoch nur eine Strategie.

Tool für den Lösungsentwurf: STOP! -1-2-3, die untere Hälfte

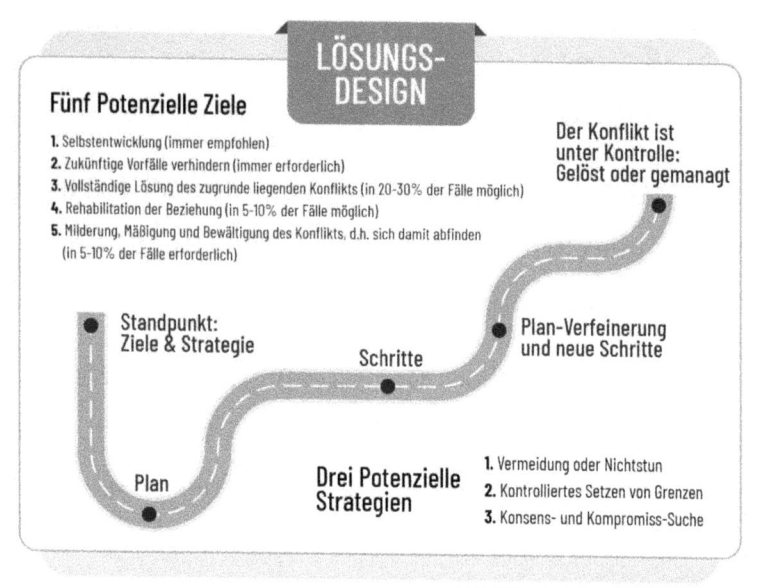

LÖSUNGS-DESIGN

Fünf Potenzielle Ziele
1. Selbstentwicklung (immer empfohlen)
2. Zukünftige Vorfälle verhindern (immer erforderlich)
3. Vollständige Lösung des zugrunde liegenden Konflikts (in 20-30 % der Fälle möglich)
4. Rehabilitation der Beziehung (in 5-10 % der Fälle möglich)
5. Milderung, Mäßigung und Bewältigung des Konflikts, d.h. sich damit abfinden (in 5-10 % der Fälle erforderlich)

Der Konflikt ist unter Kontrolle: Gelöst oder gemanagt

Standpunkt: Ziele & Strategie

Schritte

Plan-Verfeinerung und neue Schritte

Plan

Drei Potenzielle Strategien
1. Vermeidung oder Nichtstun
2. Kontrolliertes Setzen von Grenzen
3. Konsens- und Kompromiss-Suche

©2022 ZARMINA PENNER ALLE RECHTE VORBEHALTEN

Abbildung: Das Stop! -1-2-3 Mentales Modell und Prozess: Lösungsdesign

Sobald Sie sich für die Ziele und Ihre Strategie entschieden haben, verfügen Sie über die Möglichkeit, im Geschehen geistesgegenwärtig zu agieren, da Sie eine solide Grundlage für Ihren Lösungsplan haben. Sie werden zwar nicht unbedingt in der Lage sein, alle Konflikte zu lösen und alle zukünftigen Vorfälle zu verhindern, aber Sie werden Klarheit haben über das, was zu tun ist und was nicht.

Die Umsetzung Ihres Lösungsplans und die spätere Verfeinerung und Anpassung bis der Konflikt unter Kontrolle ist, ist von entscheidender Bedeutung. Nehmen Sie sich jedes Mal, wenn Sie Ihren Lösungsplan verfeinern, einen Moment Zeit, um Ihre Ziele und Strategie zu überdenken, denn einige Aspekte könnten sich geändert haben. Wir können nur so weit im Voraus denken.

Wählen Sie auf der Grundlage der bisherigen Analyseergebnisse Ihre gewählten Lösungsziele aus den fünf möglichen Zielen, die in der Abbildung dargestellt sind, aus. Was wollen Sie erreichen?

Potenzielle Ziele der Konfliktlösung	Beschreibung	Empfehlung/ Möglichkeit
Ziel 1	Selbstentwicklung	immer empfohlen
Ziel 2	Zukünftige Vorfälle verhindern	immer erforderlich
Ziel 3	Vollständige Lösung des zugrunde liegenden Konflikts	in 20 - 30 % der Fälle möglich
Ziel 4	Rehabilitation der Beziehung	in 5 - 10 % der Fälle erforderlich

Potenzielle Ziele der Konfliktlösung	Beschreibung	Empfehlung/ Möglichkeit
Ziel 5	Milderung, Mäßigung und Bewältigung des Konflikts, d.h. sich damit abfinden	in 5 - 10 % der Fälle erforderlich

Tabelle: Ziele

Wählen Sie dann eine Strategie aus den drei möglichen Lösungsstrategien, die in der Abbildung dargestellt sind.

Potenzielle Strategien für die Konfliktlösung	Beschreibung
Strategie 1	Vermeidung oder Nichtstun
Strategie 2	Kontrolliertes Setzen von Grenzen
Strategie 3	Konsens- und Kompromiss-Suche

Tabelle: Strategien

Entwerfen Sie als Letztes Ihren Lösungsplan:

- Wie ist Ihre geistige Haltung zu diesem Vorfall, Ihre Ausgangsposition?
- Wie ist Ihre Strategie, um die Situation unter Kontrolle zu bringen und Ihre gewählten Ziele zu erreichen?
- Was sind die ersten drei Schritte, die Sie dabei unternehmen werden?
- Und wie werden Sie Ihren Plan bei Bedarf verfeinern?

Lassen Sie den Plan eine Weile ruhen, reflektieren Sie noch einmal und werden Sie dann aktiv. Verfeinern Sie mit jedem weiteren Schritt Ihren Aktionsplan. Ihr Ziel ist es, die Situation in den Griff zu bekommen, indem Sie sich anders verhalten und verhindern, dass es währenddessen zu weiteren Zwischenfällen kommt. Das bleibende Geschenk des ärgerlichen Wut-Anfalls ist die Lektion, die Sie daraus ziehen.

Lassen Sie uns nun alles zusammenfassen, was wir aus der Analyse des Wut-Ereignisses gelernt haben:

Zusammenfassung	Beschreibung
Wut-Ereignis	Qualitativ-minderwertiger Input für ein wichtiges Dokument
Zugrunde liegender Konflikt	Eine enttäuschende Zusammenarbeit mit einem jüngeren Kollegen
Kontext	Arbeitsplatz
Beteiligte Personen	Sie, der jüngere Mitarbeiter, Ihr Chef und diejenigen, die den Streit beobachtet haben oder später davon erfahren haben
Der Auslöser	Ein Qualitätsproblem, das sich durch Zeitdruck und persönlichen Druck verschärft hat
Ihre Reaktion	Wut, laute Stimme, aggressives Verhalten

Tabelle: Zusammenfassung des Vorfalls

Schritt 1: Ihr Beitrag zu dem Vorfall war:

1. Eine unzureichende Vorbereitung

2. Unklare eigene Werte und Prioritäten

3. Ein möglicher Mangel an Kommunikation mit dem Mitarbeiter

4. Mängel im Prozess- und Qualitätsmanagement

5. Unzureichende Absprache und Verhandlung mit Ihrem Chef

Schritt 2: Der Kontext, Ihr Arbeitsplatz bzw. Unternehmen, hat wie folgt zum Vorfall beigetragen:

1. Fehlende Nachbereitung früherer Ereignisse mit demselben Mitarbeiter

2. Unklare Verantwortlichkeit für Ereignisse mit minderer Arbeitsqualität

3. Potenziell unterdurchschnittlicher Prozess für die Erstellung von wichtigen Dokumenten

Schritt 3: Der Beitrag des Mitarbeiters und anderer zum Vorfall:

1. Mangel an Fähigkeiten oder Wissen des Mitarbeiters

2. Unklares Bild der benötigten Fähigkeiten für diese Rolle

3. Unklarer Entwicklungsplan für den Junior-Mitarbeiter

Auf der Basis der obigen Analyse haben Sie folgende vier Lösungen aus den fünf möglichen gewählt:

1. **Selbstentwicklung:** Sie möchten sich selbst besser verstehen lernen, damit Sie zukünftige Situationen besser überblicken und händeln können.
2. **Vorbeugung künftiger Vorfälle:** bessere Vorbereitung in ähnlichen Vorhaben.
3. **Beitrag zur vollständigen Lösung des Konflikts:** Mentoring des jüngeren Mitarbeiters.
4. **Rehabilitierung der Beziehung:** ein konstruktives Gespräch mit dem Junior-Kollegen, in dem Sie sich für den Vorfall entschuldigen und die Verantwortung übernehmen.

Sie haben folgende Lösungsstrategie aus den drei möglichen Strategien gewählt: Konsens- und Kompromiss-Suche

Nachdem die Ziele und die Strategie klar wurden, haben Sie folgenden Aktionsplan bzw. Lösungsplan und seine Komponenten definiert:

4 DAS STOP! -1-2-3 MODELL | 69

Aspekt	Lösungs- und Aktionsplan
Geisteshaltung / Standpunkt	Akzeptanz der Lage und Demut (als Gegenteil von Stolz)
Ziele und Strategie	Die vier oben genannten Ziele und die Konsens- und Kompromiss-Strategie
Umsetzung	Start nächste Woche
Aktion	Treffen mit dem Chef, um Erkenntnisse aus dem Vorfall zu teilen und Verbesserungen vorzuschlagen, entsprechend Ihrer Analyse.
Verfeinerung des Plans	Mit jedem Schritt im Aktionsplan können Sie lernen und den Plan weiter verfeinern. Der Plan muss flexibel bleiben.
Anpassung bis der Konflikt unter Kontrolle ist	Das Endziel der Lösungsstrategie ist es, die Ziele zu erreichen, und den Konflikt unter Kontrolle, soweit es geht, zu haben.

Tabelle: Lösungsplan

WUT-MANAGEMENT: NIE WIEDER EXPLODIEREN!

5

LERNEN SIE SICH KENNEN

„Wir können unsere Probleme nicht mit demselben Denken lösen, mit dem wir sie geschaffen haben."

— *ALBERT EINSTEIN*

Im Sinne der Selbstentwicklung ist es sinnvoll, Zeit in die Selbsterforschung und -erkennung zu investieren. Diese Erkenntnisse werden uns den Hintergrund liefern, den wir brauchen, um mit allen zukünftigen Wut-Ausbrüchen und damit verbundenen Konflikten einfacher umzugehen. Wenn wir Klarheit über uns selbst und unseren Standpunkt haben, wird es einfacher werden, in jeder Situation ruhig und gefasst zu bleiben, insbesondere dann, wenn wir wütend sind.

Obwohl die Methode zur Wut-Bewältigung für alle gleich ist, sind die Wut-Auslöser und die Umstände, die dazu beitragen, sehr unterschiedlich. Um also Ihre Wut zu verstehen und die beste Lösung für Sie zu finden, müssen Sie verstehen, wer Sie sind, wann und warum Sie wütend werden.

Für die Selbsterkenntnis ist es wichtig, zwischen der Identität, dem Ruf und der Persönlichkeit zu unterscheiden. Nach Robert Hogan ist die Identität bzw. das Selbstbild das, was Sie glauben zu sein, und der Ruf ist das, was andere von Ihnen denken.

Identität:

Um Ihre aktuelle Identität bzw. Ihr Selbstbild zu erforschen, schreiben Sie das, was Sie von sich halten, was Sie anderen über sich erzählen und welche Überzeugungen Sie über sich haben, auf. Wenn Sie verstehen, dass all das, was Sie aufgeschrieben haben, eine selbst erschaffene Geschichte ist, könnten Sie beschließen, eine neue Geschichte zu erzählen. Im Prinzip ist es genauso einfach. Sagen Sie sich, ich bin nicht meine Story. Zumindest lassen Sie, soweit es geht und Schritt für Schritt, Ihre aktuelle Story los. Sie werden sich viel leichter fühlen, geradezu frei wie ein Vogel. Eine fixierte Identität ist mehr hinderlich als hilfreich.

Ruf:

Ihr Ruf zeigt wie andere Sie wahrnehmen. Hierfür brauchen wir den Input der anderen. Sie könnten Ihre Familie, Freunde, Bekannte und Kollegen fragen. Es gibt darüber hinaus eine wissenschaftliche Methode, die Sie anwenden könnten. Der HOGAN - Test (genauer der Flash Report) ist genau dafür. Dieser Test ist nicht für jedermann erhältlich, nur für Unternehmen. Er ist weit verbreitet.

Vielleicht ist es für Sie möglich, den Test über Ihr Unternehmen zu bestellen. Ich fand ihn sehr hilfreich, denn sonst haben wir wenig Möglichkeit, unser Selbstbild dem Fremdbild gegenüberzustellen und daraus zu lernen. Ansonsten bleiben Sie neugierig und bitten andere um Feedback über sich und hören Sie gut zu, ohne zu unterbrechen.

Persönlichkeit:

Man sagt, die Persönlichkeit sei die Grenz unseres Bewusstseins. Das ist eine abstrakte Beschreibung. Um es greifbarer zu machen, können Sie hierfür ebenfalls einen Test durchführen, und zwar den Myers-Briggs-Persönlichkeitstest (MBTI). Das Testergebnis wird Ihren Persönlichkeitstyp unter 16 möglichen Typen ausfindig machen. Es lohnt sich, sich mit der Beschreibung des Typs bekannt zu machen und zu überprüfen, ob die Beschreibung stimmt oder nicht. Allein die Tatsache, dass Sie sich mit sich selbst beschäftigen, wird für die Selbsterkenntnis von Vorteil sein.

Die Identität ist selbst geschaffen und eine Sammlung von Geschichten, die wir immerzu wiederholen, dass heißt, wir diese Geschichten und unsere Meinung über uns selbst jederzeit ändern können, wenn wir es wollen. Die Identität ist unser Selbstbild und Selbstkonzept. Wir sind Urheber, niemand sonst. Einfach ausgedrückt: Wir erschaffen unsere Identität in unseren Köpfen. Wie Carl Jung sagt: „Die wichtigste Frage, die man sich stellen muss, ist: Welchen Mythos lebe ich?"

Zum Beispiel, Sie halten Sie sich für einen ruhigen und großzügigen Menschen (Identität). Andere, Bekannte oder Arbeitskollegen nehmen Sie von ihrer Perspektive aus als laut und geizig wahr (Reputation); vor allem diejenigen, die sich nicht die Mühe gemacht haben, Sie kennen zu lernen. Wie Sie sich ihnen gegenüber in irgendeiner zufälligen Interaktion in der Vergangenheit verhalten haben, kann bei ihnen zu vorschnellen Urteilen führen, die einfach falsch sind.

Diese Wolke der Wahrnehmung und die Gespräche der anderen über Sie in Ihrer Abwesenheit werden sich auf Ihren Ruf auswirken, ob es Ihnen gefällt oder nicht. Kein noch so großes Beschweren wird diese natürliche menschliche Tendenz bei anderen ändern. Da wir andere Menschen nicht ändern können, müssen wir deren Wahrnehmung steuern und versuchen, bewusst einen guten Ruf aufzubauen. Zumindest müssen wir uns über dieses Phänomen im Klaren sein. Leider gibt es keinen Weg daran vorbei. Zum guten Rufaufbau gehört es, Versprechen stets einzuhalten, das Lästern zu vermeiden und sich jedem gegenüber höflich und respektvoll zu verhalten.

Die Kluft zwischen Identität und Ruf ist der Punkt, an dem häufig Missverständnisse entstehen, die zu gegensätzlichen Standpunkten und letztlich zu Konflikten führt. Daher ist es hilfreich, den Unterschied zu kennen. Wir können das Konfliktpotenzial verringern, indem wir unsere Identität (Selbstbild/Selbstkonzept) flexibel halten und auf die Wahrnehmung durch andere und unseren Ruf achten. Wenn andere uns kritisieren, weil wir laut und geizig sind, werden wir weniger wütend, weil wir wissen, dass es ihre Wahrnehmung ist und nicht unbedingt der Wahrheit entspricht, zumindest aus unserer Selbstsicht. Außerdem erhalten wir dadurch Informationen, mit denen wir arbeiten können: Wie ist diese Wahrnehmung zustande gekommen? Verhalte ich mich unbewusst auf diese Weise? Was könnte man im Umgang mit anderen optimieren?

Der Hogan-Test misst den wahrscheinlichen Ruf am Arbeitsplatz anhand einer umfangreichen Vergleichsdatenbank mit einer Genauigkeit von 95 %. Wenn Sie diesen Test und die entsprechende Bewertung durch Ihr Unternehmen erhalten können, sollten Sie dies tun. Sie wird Ihnen sagen, wie andere, die Sie nicht persönlich kennen, Sie aus der Weite höchstwahrscheinlich erleben und wahrnehmen.

Die Betrachtung der Identität, der Persönlichkeit und des Rufs wird Ihnen helfen, umzudenken und sich anders zu verhalten, um unter anderem mit Ihrer Wut-Thematik besser zurechtzukommen. Die Entscheidung liegt bei Ihnen.

Wenn Sie es wünschen, können Sie Ihre Identität im Handumdrehen ändern. Sie müssen vielleicht tiefer graben, um Ihre zugrundeliegenden Überzeugungen zu untersuchen und sie zu definieren, aber es ist durchaus möglich. Vielleicht entdecken Sie eine starre Identität (Selbstbild/Selbstkonzept), die auf Stolz beruht, und Sie daran hindert, zu wachsen und zu reifen. Vielleicht trägt diese starre Identität auch zu Wut-Ausbrüchen bei, wenn das Ego-Selbst aufflackert und sich zu schützen versucht.

Was den Ruf und die Wahrnehmung durch andere angeht, sollten Sie wissen, dass Ihre Selbstwahrnehmung immer mehr Gewicht hat. Wenn Sie Ihre Selbstprüfung fortsetzen und offen für Rückmeldungen aus Ihrem Umfeld sind, wird sich die Kluft zwischen Identität (Selbstsicht) und Ruf (Fremdsicht) langsam schließen. So nimmt das Wut-Potenzial ebenfalls ab.

Lassen Sie uns nun über die Persönlichkeit sprechen. Die Persönlichkeit ist der Behälter für unser Ego-Selbst. Sie ist in relativ gleichen Anteilen zum Teil angeboren und zum Teil durch die Erziehung beeinflusst. Die Persönlichkeit definiert unser Bewusstsein und gibt ihm seine Grenzen.

C.G. Jung schlägt vier psychologische Funktionen und zwei Lebenseinstellungen vor, um uns zu helfen, den Begriff der Persönlichkeit zu begreifen:

Gruppierung	Persönlichkeitsaspekte
Rationale Funktion	Denken (T) und Fühlen (F)
Irrationale Funktion	Empfindung (S) und Intuition (N)
Lebenseinstellung	Introversion (I) und Extraversion (E)
Das Myers-Briggs-Modell umfasst außerdem: Äußere Welt - Orientierung	Wahrnehmen (P) und Beurteilen (J)

Tabelle: Persönlichkeit

Um Ihren Persönlichkeitstyp herauszufinden, machen Sie wie oben erwähnt einen Myers-Briggs-Persönlichkeitstest (MBTI), der auf den Arbeiten von C.G. Jung aufbaut. Einige Tests im Netz sind kostenlos (Links zu zwei kostenlosen Tests finden Sie unter Ressourcen). Beantworten Sie die Testfragen so authentisch wie möglich und gehen Sie zügig durch den Test. Am besten machen Sie den Test mehrmals und zu verschiedenen Zeiten: wenn Sie entspannt und ruhig sind sowie wenn Sie gestresst und aufgeregt sind.

Vergleichen Sie die Ergebnisse. Wenn Sie sich unterscheiden, über beide Persönlichkeitsprofile durch und reflektieren Sie

sie. Beschreibt Sie das Testergebnis gut? Im Internet finden Sie zahlreiche Informationen über Ihren Persönlichkeitstyp, der durch vier Buchstaben charakterisiert ist.

Hier sind einige Erkenntnisse und praktische Einsichten, die auf meinen Beobachtungen von Menschen und ihren Persönlichkeitstypen in den letzten 20 Jahren meiner Praxis beruhen. Wie Sie sehen werden, reagiert jeder Persönlichkeitstyp anders auf emotionale Auslöser.

Aussagen zu Buchstaben und Buchstabenkombinationen im Persönlichkeitstyp:

Aspekt	Details
Definition der Buchstaben	Denken (T) und Fühlen (F) Empfindung (S) und Intuition (N) Introversion (I) und Extraversion (E) Wahrnehmen (P) und Beurteilen (J)
NF	NFs sind hochsensibel und werden leicht von den Emotionen anderer und der schieren Menge an Informationen, die sie mit ihren Sinnen aufnehmen, überwältigt. NFs neigen dazu, entweder schnell verärgert zu sein (Aggression) oder Gefühle zu unterdrücken (Depression).

Aspekt	Details
SF	SFs sind Gefühlstypen, die sich in Details verzetteln können. SFs kümmern sich um Fakten und bleiben fair gegenüber allen; sie sind ernsthaft und fleißig.
NT	NTs sind sehr analytisch, qualitätsorientiert, ungeduldig und können anderen gegenüber kontrollierend sein; sie neigen dazu, schnell gereizt und wütend zu werden und können mit Emotionen ohne weiteres nicht produktiv umgehen.
ST	STs sind sehr analytisch, weniger einfühlsam und können anderen gegenüber kontrollierend sein; sie neigen dazu, schnell gereizt und wütend zu werden, zeigen dies aber möglicherweise nicht offen.
P	Ps sind impulsiv und mögen es nicht, sonderlich viel zu planen oder Entscheidungen zu treffen. Ps mögen auch keine Regeln.
J	Js neigen dazu, über andere und sich selbst zu urteilen, kritisch zu sein und reagieren nicht gut auf Ad hoc-Planänderungen; sie können kontrollierend sein.
E	Es sind extrovertierte, kontaktfreudige Personen; sie brauchen Menschen um sich, um neue Energie zu tanken. Das Alleinsein bedeutet für sie Stress.

Aspekt	Details
I	Is sind eher schüchterne Personen, die Raum und Ruhe brauchen, um sich zu erholen und zu entfalten. Laute Umgebungen sind für sie anstrengend.

Ich habe bei meiner Arbeit festgestellt, dass es völlig normal ist, dass Tests, die zu verschiedenen Zeiten und an verschiedenen Orten durchgeführt werden, unterschiedliche Ergebnisse zeigen. Das Testergebnis, das in entspannten Zeiten erzielt wird, entspricht eher Ihrer echten Persönlichkeit. Andere Ergebnisse können Ihren Persönlichkeitstyp unter Stress beschreiben. Zum Beispiel könnten Sie in einem entspannten Zustand ein ESFJ (mitfühlend gegenüber anderen) sein, aber wenn Sie unter Druck stehen, neigen Sie dazu, in einen ESTJ-Zustand überzugehen, mit einem geringeren Maß an Mitgefühl.

Informieren Sie sich über beide Persönlichkeitstypen, bemerken Sie den Unterschied im eigenen Verhalten und trainieren Sie sich, nicht impulsiv zu reagieren. Wenn Sie den Unterschied merken, schauen Sie sich an, was zur Verhaltensänderung geführt hat, denn das Ziel ist, immer so zu sein, wie man in Wirklichkeit ist. Nutzen Sie Ihre Erkenntnisse, um

Ihre Lebens- und Arbeitsbedingungen friedlicher zu gestalten. Wie das geht, besprechen wir später. Je mehr Sie sich entspannen, desto leichter können Sie auf Ihre Gaben und Talente zugreifen und Ihr Leben genießen.

Zusammenfassung

Lassen Sie Ihre derzeitige Identität (Selbstbild/Selbstkonzept) langsam los, um Platz für Ihr neues Ich zu schaffen. Achten Sie darauf, wie Sie mit anderen und in Ihrem Kopf über sich selbst reden. Wenn Sie die Angewohnheit haben, zu sagen: „Ich bin eine Person, die...", was auch immer das sein mag, hören Sie damit auf. Es mag in der Vergangenheit der Fall gewesen sein, aber das muss nicht in der Zukunft der Fall sein. Sie entwickeln sich immer weiter. Solche Stories halten Sie auf einer Entwicklungsstufe fest.

Wenn Sie dazu neigen, in Theorie und Konzepten zu denken, bringen Sie sich bei, sich auf Erfahrungen einzulassen und das Leben direkt zu erleben. Erlauben Sie sich, Ihre Gefühle zu fühlen und dennoch nicht auf den Auslöser zu reagieren. Dies wird Ihnen dabei helfen, achtsam und flexibel zu bleiben. Sie bekommen die Kontrolle über Ihr Leben zurück.

Machen Sie, wenn es Ihnen möglich ist, ein Hogan-Assessment, insbesondere den so genannten Flash-Report, und holen Sie sich professionelles Feedback zu den Ergebnissen. Sobald Sie sich den Aspekten bewusstwerden, die Ihr Verhalten anderen gegenüber auffällig machen (Ausreißer), können Sie neue Verhaltensrichtlinien für sich aufstellen. Üben Sie diese fleißig ein. Üben Sie zum Beispiel, langsamer und leiser zu sprechen wenn andere Sie als zu energisch und anmaßend empfinden. Mit der Zeit wird sich die Wahrnehmung anderer von Ihnen ändern. Hier geht es nicht um Verstellung, sondern darum, die Aufregung anderer Ihnen gegenüber zu minimieren. Ihre Lebensqualität wird dadurch steigen.

Lernen Sie Ihren MBTI-Persönlichkeitstyp kennen und informieren Sie sich über Ihren Typ. Finden und nutzen Sie Ihre Talente. Wenn Sie sich selbst kennen, wird es weniger Überraschungen und Verwirrung darüber geben, wer Sie sind, und Sie können bei jedem Vorfall von Ärger ruhig und gelassen bleiben, denn Sie wissen, wer Sie sind und können sich von den Dingen distanzieren, die Aspekte von Ihrem Gegenüber sind.

Diese drei Schritte zur Selbsterforschung, Identität, Ruf und Persönlichkeit sowie ein besseres Verständnis Ihrer selbst verringern das Potenzial von emotionalen Auslösern. Ihre gesamte Lebenserfahrung wird friedlicher und befriedigender werden.

Sie können viel zur Vorbeugung von Ärger tun, indem Sie an sich selbst arbeiten, und Sie können jedes Problem, das Sie in Ihrem Leben nicht haben wollen, in eine Übung zum Aufbau von Widerstandsfähigkeit und für die Weiterentwicklung umwandeln. So wird das Leben mehr Spaß machen; jedes Ereignis ergibt dann einen tieferen Sinn.

Das Geheimnis besteht darin, nicht zu reagieren, wenn Sie wütend werden. Den Sekundenbruchteil zwischen dem Auslöser und dem Wut-Anfall bewusst, klug und konstruktiv zu nutzen, kann das Leben völlig verändern und Ihnen helfen. Wenn Sie gestresst sind, nehmen Sie sich selbst oder Ihre Gedanken nicht zu ernst und handeln Sie erstmal nicht. Jede Aktion zu diesem Zeitpunkt wird sich als unangebracht erweisen. Stellen Sie sicher, dass Sie sich zuerst beruhigen und den inneren Frieden wiederherstellen.

Ihre Zusammenfassung: Identität, Ruf und Persönlichkeit

Beschreiben Sie	Ihr Ergebnis
Ihre Identität	

Beschreiben Sie	Ihr Ergebnis
Ihr Ruf, eventuell mit Testergebnissen	
Ihre Persönlichkeit mit den Testergebnissen	

Tabelle: Zusammenfassung

WUT-MANAGEMENT: NIE WIEDER EXPLODIEREN!

6

VERSTEHEN SIE, WAS SIE WOLLEN

„Wohin du auch gehst, geh mit deinem ganzen Herzen."

— *KONFUZIUS*

Ein Gefühl der Zufriedenheit ist der beste Indikator dafür, dass das, was Sie haben und was Sie wollen, zueinander passen. Unsere Gefühle sind Schwingungen in unserem Körper, die uns unfehlbar signalisieren, wo wir stehen und ob unser Weg mit unseren Werten übereinstimmt, dass heißt, mit dem, was wir in unserem Leben haben wollen. Mit anderen Worten: wenn Sie sich gut fühlen und zufrieden sind, sind Sie auf dem richtigen Weg. Wohlgefühl ist ein wichtiger Indikator, dem wir zu wenig Beachtung schenken.

Anhaltende Gefühle der Unzufriedenheit sind die Wegweiser, die sagen: „Halte inne und denke nach". Sind Sie auf dem richtigen Weg? Haben Sie das, was Sie schätzen und für wertvoll halten? Das ist bei jedem anders. Häufig werden als Wert innerer Frieden, Familie, Gedankenfreiheit, finanzielle Freiheit, Sicherheit, Kreativität, anderen zu helfen, sich verbunden mit anderen zu fühlen und Wissen genannt. Es gibt noch viele weitere. Um Ihre Werte zu ermitteln, beschreiben Sie die Bedingungen, die in Ihrem Leben gegeben sein müssen, damit Sie sich zufrieden fühlen. Diese Bedingungen sind Ihre Werte, weil Sie Wert darauflegen, dass sie in Ihrem Leben vorhanden sind. Wenn Sie beispielsweise das Familienleben und die Freiheit der Gedanken schätzen, möchten Sie vielleicht nicht lange in einer hierarchischen Organisation mit starren Interaktionsregeln arbeiten.

Werte ändern sich im Laufe der Zeit, daher sollten Sie sich angewöhnen, diese Übung mindestens einmal im Jahr durchzuführen. Es ist sinnvoll, Ihre drei bis fünf validierten Werte zu kennen und damit Ihre Zeit zu priorisieren und wichtige Lebensentscheidungen zu treffen. Hier liegt die Betonung auf der Validierung.

WUT-MANAGEMENT: NIE WIEDER EXPLODIEREN!

Validierung der Werte

Wir müssen verstehen, woher unsere gewählten Werte stammen; deshalb müssen wir zwischen dem Ego-Selbst und dem höheren Selbst unterscheiden. Gute Werte stammen aus dem höheren Selbst, nicht aus dem Ego-Selbst.

Oxford Languages definiert das Ego als „das Selbstwertgefühl oder die Selbstgefälligkeit einer Person". Für das höhere Selbst gibt es in diesem Wörterbuch keine Definition. Wikipedia definiert das höhere Selbst als einen Begriff, der mit Glaubenssystemen verbunden ist. Es beschreibt es als ein „ewiges, bewusstes und intelligentes Wesen, das das wahre Selbst ist". Solche existenziellen Überzeugungen sind sehr persönlich, und es liegt an Ihnen, liebe Leserin, lieber Leser, zu entscheiden, ob Sie das Konzept des höheren Selbst annehmen möchten oder nicht. Wir müssen dennoch zwischen zwei Geisteszuständen unterscheiden, von denen der eine der weise ist.

Das Ego-Selbst neigt zur Selbstsucht und wir müssen seine ungültigen Werte erkennen. Typische Werte des Egos können die Anhäufung von Geld, materiellem Besitz und Macht um jeden Preis sein. Solche Werte führen einen letztendlich in die Irre. Das weise höhere Selbst bevorzugt Dinge, die allen zugutekommen und nicht nur dem Eigengewinn dienen. Es ist der absolut gegenteilige Geisteszustand. Wenn Sie mehr wissen möchten, gibt es viele Bücher, die Ihnen helfen, die Unterschiede zwischen den beiden Geisteszuständen tiefer zu ergründen. Ein richtungsweisendes Buch ist "The Untethered Soul" von Michael Singer (deutsch, "Die Seele will frei sein").

Entscheiden Sie sich für Werte, die Ihnen und anderen gleichermaßen zugutekommen. Das ist die einfachste Validierung, die Sie für Ihre gewählten Werte brauchen.

Übung: Ihre Werte

Die fünf wichtigsten Werte aus der Perspektive Ihres höheren Selbst sind:

Beschreiben Sie Ihre Werte	Ihre Antwort
Wert 1	
Wert 2	
Wert 3	

Beschreiben Sie Ihre Werte	Ihre Antwort
Wert 4	
Wert 5	

Tabelle: Ihre Werte

Bewertung

Lassen Sie uns schauen, wer im Moment Ihr Leben kontrolliert: Ihr Ego-Selbst oder Ihr höheres Selbst.

Das Ego-Selbst hat eine anhaltende negative Einstellung und sieht überall vornehmlich Probleme. Das Ego ist kein Feind, aber es will, dass wir uns in einem bestimmten Raum, unserer sogenannten Komfortzone, einschließen und „sicher" fühlen. Es will nicht, dass wir uns hinauswagen; deshalb neigt es dazu, überfürsorglich und ängstlich gegenüber Veränderungen zu sein. Angst ist die vorherrschende Emotion des Egos.

Das Ego-Selbst fühlt sich in der Regel unzulänglich, inkompetent und in ständigem Wettbewerb mit anderen. Da es den eigenen Schmerz nicht spüren will, projiziert das Ego-Selbst seine Gedanken der Unzulänglichkeit und Inkompetenz auf andere. Deshalb werden wir wütend auf andere—wir sehen in ihnen, was wir in uns selbst nicht sehen wollen (unser blinder Fleck). Wenn unsere Emotionen anderen gegenüber sehr stark ausgeprägt sind, dann ist die Wahrscheinlichkeit groß, dass die Probleme in uns selbst ihren Ursprung haben und wir sie auf andere projizieren. Deshalb ist es nie eine gute Idee, gleich um sich oder den vermeintlichen Feind zu schlagen.

Wenn wir uns auf unsere sorgfältig ausgewählten und validierten Werte stützen und sie zur Überprüfung unserer Gedanken und Gefühle nutzen, werden wir uns langsam, aber sicher in ruhigeren Gewässern bewegen und unser Ego in Schach halten können.

Hier ist ein Test, um festzustellen, wer nun das Sagen hat. Das Ziel ist, alle zwölf Fragen mit einem überzeugten „Nein" beantworten zu können.

Wenn auch nur eine der folgenden Aussagen auf Sie zutrifft, müssen Sie Ihr Ego-Selbst vom Thron stoßen und die Kontrolle an Ihr höheres Selbst übergeben.

Übung: Wer steuert Ihr Leben? Ihr Ego-Selbst oder Ihr höheres Selbst?

Bitte bewerten Sie die folgenden Aussagen mit	Ja / Jein / Nein
Sie sind stolz auf sich selbst und Ihre Leistungen; auf andere schauen Sie oft herab.	
Sie reden über andere und meinen, Sie wüssten alle Antworten.	
Sie sind neidisch auf das, was andere besitzen.	
Sie neigen dazu, zu urteilen und wollen die Leistungen anderer herunterspielen.	
Sie können schnell wütend werden und sogar in Rage geraten.	
Sie haben ein unterschwelliges Gefühl der Angst. Sie haben viele Ängste.	
Sie fühlen sich hilflos und machtlos, um Ihre Situation zu ändern.	
Sie fühlen sich schuldig und denken, dass Sie nicht genug tun.	
Sie haben ein geringes Selbstwertgefühl. Menschen können Sie leicht beschämen und Sie ausnutzen.	

Bitte bewerten Sie die folgenden Aussagen mit	Ja / Jein / Nein
Sie fühlen sich verzweifelt, zweifeln an sich selbst und kennen Ihren eigenen Wert nicht.	
Sie beklagen sich häufig über Ihre Lebensumstände. Sie werden schnell von anderen getriggert und haben häufige emotionale Höhen und Tiefen.	

Tabelle: Der Ego-Selbst-Test

Wie Sie sehen, kann Ihr Ego-Selbst die Quelle Ihrer Wut-Anfälle sein—die Unterscheidung zwischen dem Ego-Selbst und dem höheren Selbst ist daher entscheidend für Ihre Wut-Thematik. Letztlich wollen wir uns bewusst machen, wie unser unkontrolliertes Ego-Selbst unser Leben sabotiert. Das ultimative Ziel ist es, unser Ego-Selbst in eine gesunde, intelligente, fähige und gefügige Version zu verwandeln, die dabei hilft, die wertorientierten Befehle des höheren Selbst umzusetzen.

Meditation

Stille Meditation ist das wirksamste Mittel, um Sie dabei zu unterstützen, Ihr Ego-Selbst zu verstehen und zu steuern und Ihre Emotionen zu beherrschen.

Nehmen Sie sich jeden Morgen 5 - 10 Minuten Zeit, bevor der Tag beginnt, gleich nach dem Zähneputzen:

1. Hören Sie Ihrem Ego-Selbst zu, ohne sich auf die Diskussion mit den Stimmen im Kopf einzulassen.
2. Achten Sie darauf, was Ihr Körper meldet und wo sich Spannungen befinden.
3. Hören Sie auf das, was Ihr Bauchgefühl, Ihre Intuition, Ihnen sagt.

So lernen Sie, Ihren Geist, Ihren Körper und Ihre Intuition zu respektieren und langsam die Kontrolle über Ihr Ego-Selbst zurückzugewinnen. Mit der Zeit werden Sie den Unterschied zwischen einem negativen Gedanken des Ego-Selbst und dem inspirierten, aufbauenden Gedanken des weisen höheren Selbst erkennen. Es wird keine Ungewissheit mehr darüber bestehen, welche Gedanken die besseren Ratgeber in Ihrem Leben sind.

Wenn Sie über Wut-Vorfälle reflektieren, werden Sie sich insbesondere der Tendenz des Egos bewusst, seine eigenen

Unzulänglichkeiten auf andere zu projizieren. Achten Sie darauf, wann Ihr Ego wieder das Steuer in der Hand hat. Coachen Sie sich und übergeben Sie die Kontrolle vom Ego an das höhere Selbst. Dann reflektieren Sie den Vorfall erneut, wie oben im Modell beschrieben.

Sie könnten sich zum Beispiel darüber ärgern, dass jemand eine Aufgabe immer wieder auf unbestimmte Zeit aufschiebt. Nehmen Sie diese Gedanken wahr, aber nicht zu ernst und fangen Sie nicht an, über den anderen zu meckern. Betrachten Sie die Bezeichnung, die Sie der Person geben —in diesem Fall „Zauderer"— und fragen Sie sich, ob und wann Sie selbst zum Zaudern neigen. Reflektieren Sie. Heilen Sie Ihre eigene "Aufschieberitis" und führen Sie mit dieser Einsicht dann ein freundliches Gespräch mit dem anderen über die besagte Aufgabe oder suchen Sie sich einen anderen Mitstreiter. Die Besonnenheit der Selbstreflektion wird die Situation deutlich entspannen.

Sie bringen sich damit bei, Ihre Gefühle zwar zu spüren, aber nicht gleich zu reagieren, und Sie trainieren sich, gleichzeitig zu denken und zu fühlen. Der reflektierende Umgang mit sich ist ein wesentlicher Bestandteil der Wut-Bewältigung.

ZUSAMMENFASSUNG

Der beste Indikator, um zu wissen, wo man gerade steht, ist ein Gefühl der Zufriedenheit. Bei Unzufriedenheit fragen Sie sich: Was genau will ich?

Fragen Sie sich zunächst, was Ihnen wichtig ist, und validieren Sie wie beschrieben Ihre Werte.

Werfen Sie dann einen genaueren Blick auf Ihr Ego-Selbst. Steuert es Ihr Leben? Wenn ja, nehmen Sie ihm die Kontrolle ab.

Werden Sie sich der Projektionen Ihres Ego-Selbst auf andere bewusst und trainieren Sie, gleichzeitig zu denken und zu fühlen, ohne impulsive Reaktionen.

WUT-MANAGEMENT: NIE WIEDER EXPLODIEREN!

7

VERSTEHEN SIE IHREN KONTEXT

„Ein Mensch sollte nach dem schauen, was ist, und nicht nach dem, was er denkt, was sein sollte."

— *ALBERT EINSTEIN*

Wir agieren nie in einem Vakuum, deshalb ist es wichtig, den eigenen Kontext zu kennen. Alles, was wir tun und erleben, hängt von dem Kontext ab, den wir für uns gewählt haben. Der Kontext kann Einflussfaktoren schaffen, die zu Konflikten und täglichen Zwischenfällen führen, unabhängig davon, wer Sie sind und was Sie wollen.

Prävention ist alles, wenn es um den Kontext geht. Wenn Sie nach sorgfältiger Recherche und Überlegung feststellen, dass Ihr Umfeld Ihre Persönlichkeit, Ihre Werte und Ihre Talente nicht wirklich unterstützt, wählen Sie ein anderes Umfeld, das besser zu Ihnen passt. Langsam und bedacht und mit Intention lässt sich der Wechsel gut bewältigen. Auf längere Sicht lohnt sich der Schritt. So können Sie viele Vorfälle vermeiden, die Ihren Seelenfrieden und Ihre Lebensqualität beeinträchtigen. Das Ziel ist es, den von Ihnen gewählten Kontext gut zu kennen, anzunehmen und darin erfolgreich funktionieren zu können.

Schauen wir uns nun drei Aspekte eines Kontexts genauer an—die Kultur, die Regeln und Schlüsselpersonen.

Dies ist zwar keine umfassende Analyse, aber für unser Ziel ist sie ausreichend. Bei dieser näheren Betrachtung werden Sie besser verstehen, wie Ihr Umfeld zu Ihren Wut-Ausbrüchen und anhaltenden Konflikten beiträgt. Damit ist viel gewonnen.

KULTUR

Die Motive, Werte und Präferenzen (MVP) der Führungskräfte beeinflussen die Kultur am Arbeitsplatz und die Menschen, die dort arbeiten. Das stellt Robert Hogan in seiner MVP-Bewertung fest. Meiner Meinung nach können wir die Essenz dieser

Bewertung nutzen, um die Kultur eines jeden Umfelds schnell zu verstehen, ohne den Test machen zu müssen.

Auch Sie haben Ihre Motive, Werte und Vorlieben. Wenn beide MVPs —Ihre und die Ihres Umfelds— einigermaßen gut zusammenpassen, werden Sie in diesem Umfeld gedeihen können. Andernfalls werden Sie unweigerlich auf Situationen stoßen, die Ihnen gegen den Strich gehen und möglicherweise zu ärgerlichen Episoden führen. So einfach ist das.

Nachfolgend finden Sie die Liste der Motive, Werte und Präferenzen nach Hogan für eine schnelle und einfache Analyse Ihres Umfelds. Alternativ können Sie die formale MVPI-Bewertung von Hogan durchführen lassen. Sie ist allerdings nicht öffentlich zugänglich, aber vielleicht hat Ihre Organisation Zugang zum Hogan-Test. Falls nicht, ist es dennoch hilfreich, hier die schnelle Analyse durchzuführen und eventuelle Unstimmigkeiten grob zu ermitteln.

Übung: Bewertung Ihrer persönlichen Kultur und die Ihres Umfelds

Bewerten Sie auf der Grundlage der 10 MVPs von Hogan (Motivationen, Werte und Präferenzen) die Kultur Ihres Umfelds. Antworten Sie mit: Ja / Jein / Nein.

10 MVPs von Hogan	Fragen	Ja / Jein / Nein
Anerkennung: bekannt, gesehen, sichtbar, berühmt sein	• Legen Sie Wert auf Anerkennung? • Legen die Führungskräfte in Ihrem Umfeld Wert auf Anerkennung?	
Macht: Herausforderung, Wettbewerb, Leistung und Erfolg	• Legen Sie Wert auf Macht? • Legen die Führungskräfte in Ihrem Umfeld Wert auf Macht?	
Hedonismus: Spaß, Aufregung, Abwechslung und Vergnügen	• Legen Sie Wert auf Hedonismus? • Legen die Führungskräfte in Ihrem Umfeld Wert auf Hedonismus?	
Altruismus: anderen dienen und den weniger Glücklichen helfen	• Legen Sie Wert auf Altruismus? • Legen die Führungskräfte in Ihrem Umfeld Wert auf Altruismus?	

10 MVPs von Hogan	Fragen	Ja / Jein / Nein
Zugehörigkeit: häufige und vielfältige soziale Kontakte	• Legen Sie Wert auf Zugehörigkeit? • Legen die Führungskräfte in Ihrem Umfeld Wert auf Zugehörigkeit?	
Tradition: Moral, Familienwerte und Pflichterfüllung	• Legen Sie Wert auf Tradition? • Legen die Führungskräfte in Ihrem Umfeld Wert auf Tradition?	
Sicherheit: Struktur, Ordnung und Vorhersehbarkeit	• Legen Sie Wert auf Sicherheit? • Legen die Führungskräfte in Ihrem Umfeld Wert auf Sicherheit?	
Handel: Geld verdienen, Gewinne erzielen, Möglichkeiten finden	• Legen Sie Wert auf Handel? • Legen die Führungskräfte in Ihrem Umfeld Wert auf Handel?	

10 MVPs von Hogan	Fragen	Ja / Jein / Nein
Ästhetik: das Aussehen, die Haptik und das Design von Produkten und künstlerischen Arbeiten	• Legen Sie Wert auf Ästhetik? • Legen die Führungskräfte in Ihrem Umfeld Wert auf Ästhetik?	
Wissenschaft: neue Ideen, Technologie und rationale Problemlösungen	• Legen Sie Wert auf Wissenschaft? • Legen die Führungskräfte in Ihrem Umfeld Wert auf Wissenschaft?	

Tabelle: Analyse der Kultur nach Hogan

Stellen Sie fest, wo Sie die Antworten sehen, die unterschiedlich sind, und reflektieren Sie darüber. Könnte diese Diskrepanz zu einem der ärgerlichen Vorfälle geführt haben, die Sie bisher erlebt haben?

Übung: Ihre Erkenntnisse von der Kulturanalyse

Denken Sie nun über den Vergleich der kulturellen Werte nach und fassen Sie Ihre Erkenntnisse zusammen:

1. Welche Unstimmigkeiten sehen Sie?
2. Was bedeutet das für Sie?
3. Was sind Ihre Erkenntnisse und Schlussfolgerungen aus der Auswertung?

DIE SPIELREGELN

Nach der Kulturanalyse wollen wir uns als Nächstes die „Spielregeln" in Ihrem Kontext anschauen. Was auch immer Sie in Ihrem Kontext tun, tun Sie innerhalb eines "Spiels". Das Spiel wird von expliziten und impliziten Regeln und Vorschriften bestimmt.

Nun wollen wir auf die Schnelle 10 Regeln finden und priorisieren, die in Ihrem Umfeld gelten, und überlegen, was Sie von jeder dieser Regeln halten.

Übung: Ihre Erkenntnisse von der Analyse der Spielregeln in Ihrem Kontext

Identifizieren Sie die offenen (das heißt expliziten) und versteckten (das heißt impliziten) Spielregeln in Ihrem Umfeld:

Fragen	Antwort
• Welches sind die 5-10 Regeln in Ihrem Umfeld?	
• Welche Regeln sind für Sie akzeptabel?	
• Welche Regeln irritieren und verärgern Sie?	
• Wenn ja, wie könnten Sie das Gefühl der Irritation verringern?	
• Was fällt Ihnen sonst noch auf?	
• Was ist Ihre Schlussfolgerung?	

Tabelle: Analyse der Spielregeln im Kontext

Fallbeispiel

Sie arbeiten zum Beispiel in einem Unternehmen, das von Ihnen verlangt, dass Sie pünktlich zur Arbeit kommen, aber Sie verpassen regelmäßig den gesetzten morgendlichen Termin. In einem solchen Fall können Sie darüber nachdenken, was Sie daran hindert, pünktlich zu sein, und für sich eine Routine einrichten, die Ihnen hilft, diese Regel besser einzuhalten.

Dies ist eine einfache Fehlerbehebung, um die Ursache für den vorprogrammierten Ärger zu beseitigen.

Wie Sie sehen, geht es hier nicht darum, andere ändern zu wollen. Es geht vielmehr darum, die Verantwortung für die gültigen Gegebenheiten zu übernehmen und Wege zu finden, mit ihnen umzugehen, wodurch das Konfliktpotenzial und die ärgerlichen Vorfälle verringert werden.

DIE SCHLÜSSELPERSONEN

In einem dritten Schritt wollen wir die 5-10 Schlüsselpersonen in Ihrem Kontext identifizieren. Damit sind die Personen und Meinungsbildner in Ihrem Unternehmen gemeint, die die Geschehnisse und die Stimmung in Ihrem Kontext mitbestimmen.

Übung: Ihre Erkenntnisse Identifizieren Sie die Schlüsselpersonen in Ihrem Kontext:

Fragen	Antwort
• Benennen Sie den Kontext:	
• Wer sind die 5-10 Schlüsselpersonen, die Ihren Kontext definieren?	

Fragen	Antwort
• Wofür setzen sich diese Akteure leidenschaftlich ein? Worauf legen sie Wert?	
• Was sind die Ziele der Schlüsselpersonen?	
• Haben diese Schlüsselpersonen eine gemeinsame Vision? Wie lautet sie?	
• Was ist Ihre eigene Ambition in diesem Zusammenhang? Wollen Sie eines Tages zu den führenden Akteuren gehören?	

Tabelle: Schlüsselpersonen im Kontext

Wenn Sie in mehr als einem Kontext tätig sind, führen Sie die oben beschriebene dreistufige Übung (Kultur, Regeln und Schlüsselpersonen) für jeden einzelnen Kontext konsequent durch. Dadurch bekommen Sie den besten Überblick über Ihre aktuelle Lebenssituation. Es schadet nicht, die gleiche Übung für die private Seite Ihres Lebens ebenfalls durchzuführen.

Zusammenfassung

Um Ihren Kontext gut zu kennen, müssen wir uns drei Aspekte genauer ansehen: die Kultur, die Regeln und die Schlüsselakteure.

Wir definieren die Kultur anhand von Hogans 10 Motiven, Werten und Präferenzen (MVP). Dann ermitteln wir die „Spielregeln" und analysieren schließlich die Schlüsselakteure und ihre Bestrebungen. Wenn wir dies tun und entsprechende Vorkehrungen treffen, verringern wir die Zahl der Situationen, die uns überrumpeln könnten. Situationen, die unsere Geisteskraft binden, die wir dringend brauchen, um klar zu denken, unsere Gefühle spüren und bessere Verhaltens-Entscheidungen treffen zu können und auf Auslöser besser zu reagieren.

WUT-MANAGEMENT: NIE WIEDER EXPLODIEREN!

8

VERSTEHEN SIE, MIT WEM SIE INTERAGIEREN

„Schwache Menschen rächen sich, starke Menschen verzeihen und intelligente Menschen ignorieren."

— *ALBERT EINSTEIN*

Ihr Leben dreht sich um die Menschen, mit denen Sie regelmäßig zu tun haben. Sie können, absichtlich oder unabsichtlich, in Ihnen Wut auslösen. Deshalb ist es sinnvoll, über sie nachzudenken und sie einzuschätzen.

Unsortierte und ungeklärte Interaktionen führen zu unnötigen Konflikten und Zwischenfällen, zu minderwertigen Ergebnissen und unklaren Beziehungen.

Alle Interaktionen, egal mit wem, setzen sich aus drei Teilen zusammen:

1. Vorbereitung
2. Durchführung
3. Nachbereitung

Die Aufteilung bleibt in jedem Kontext immer gleich. In einem Arbeitsumfeld sind die Interaktionen stärker strukturiert. Dort trägt die Vorbereitung etwa zu 60 % zur Qualität der Interaktion und des Ergebnisses bei, die Ausführung zu 30 % und die Nachbereitung zu 10 %. Wenn es um wichtige Interaktionen geht, ist die Aufteilung im Privaten ähnlich. Jede wichtige Interaktion, insbesondere solche, bei denen viel auf dem Spiel steht, muss gut vorbereitet werden. Dies wird Ihnen helfen, bei der Durchführung ruhig und gelassen zu bleiben. Wenn die Vorbereitung nicht gut genug ist, kann es später zu allen möglichen Problemen kommen.

Bei der Vorbereitung ist es am hilfreichsten, sich auf Folgendes zu konzentrieren

- Was: Der Inhalt der Interaktion
- Warum: Die Ziele der Interaktion
- Wer und für wen: Die Teilnehmer der Interaktion und ihre Standpunkte

Interaktionen zwischen mehr als zwei Personen müssen moderiert werden und jeder muss seine Rolle und Verantwortung kennen. Idealerweise sollte es Verhaltensrichtlinien —implizit oder explizit— für den Austausch geben, selbst bei einer 1:1-Interaktion. Meist übernimmt die Kultur (eines Landes oder Unternehmens) diese Aufgabe. Wenn jedoch mehrere Kulturen an der Interaktion beteiligt sind, müssen gemeinsame Verhaltensrichtlinien aufgestellt werden.

Die Nachbereitung hilft Ihnen, aus dem Austausch zu lernen. Außerdem erinnert sie die Teilnehmer daran, was stattgefunden hat, welche Einigung gefunden wurde und wie sie weiter vorgehen müssen.

Bild: Die Menschen, mit denen Sie interagieren

Nehmen Sie die Personen in dem oben analysierten Kontext.

Zeichnen Sie einen Kreis auf Papier.

Setzen Sie sich selbst in die Mitte.

Machen Sie ein Brainstorming über die Personen, mit denen Sie am meisten zu tun haben, und platzieren diese um Sie herum.

Sobald Sie sie identifiziert haben, teilen Sie sie in die folgenden vier Gruppen ein.

4 Gruppen	Beschreibung
Die Gleichgültigen	Es gibt keine Interaktion. Dies ist eine Person am Rande Ihres Geschehens, wie ein Statist in einer Show.
Die Neutralen	Die meisten Interaktionen sind kurz und dienstleistungsorientiert. Es sind Transaktionen und Begegnungen – keine Beziehungen.
Die Positiven	Die Interaktionen sind positiv und aufbauend und führen zu langfristigen Beziehungen und positiven Gefühlen.
Die Negativen	Das sind die verwirrenden, kräftezehrenden Interaktionen, die zu komplizierten Beziehungen mit Auf und Ab führen und negative Emotionen auslösen.

Tabelle: 4 Gruppen

Wir kategorisieren die Personen in unserem Umfeld mit dem Ziel, Interaktionen besser verstehen zu können und sie zu verbessern. Dies wird uns auch helfen, potenzielle Auslöser für Ärger und Wut vorausschauend zu erkennen.

Übung 8: Menschen, mit denen Sie am Arbeitsplatz regelmäßig zu tun haben

Beschreiben Sie zehn Personen, mit denen Sie in Ihrem Umfeld am häufigsten zu tun haben, nach folgendem Muster:

- Nennen Sie den Kontext:
- Name der Person:
- Gleichgültig (1), neutral (2), positiv (3) oder negativ (4)?

DIE BEOBACHTER (INDIFFERENTE UND NEUTRALE)

Die ersten beiden Gruppen —die Gleichgültigen und die Neutralen— fassen wir zusammen und nennen sie Beobachter. Wir unterschätzen häufig ihren Einfluss auf unser Leben. Die Beobachter sind die Kulisse für alle anderen. Sie sind potenzielle Unterstützer in der Not. Diese Analyse wird Ihnen helfen, sich ihrer bewusst zu werden und achtsam und wertschätzend zu bleiben, wenn Ihre Wege sich kreuzen. Es ist wichtig, dass Sie ihnen gegenüber einen freundlichen, authentischen und höflichen Umgang pflegen. Das wird Ihnen helfen, Ihren Ruf zu stärken. Beobachter, die sich selbst als weniger angesehen und geschätzt empfinden, werden Sie mit Sicherheit bemerken und schätzen, wenn Sie ihnen gegenüber achtsam und höflich sind. Es ist von entscheidender Bedeutung, dass Sie alle auf dieselbe herzliche Art und Weise behandeln, unabhängig davon, welchen Status Sie und diese Beobachter in Ihrem Umfeld haben. Das ist auch menschlich korrekt.

Die Positiven und die Negativen

Der Umgang mit den beiden letzten Gruppen, das heißt den Positiven und den Negativen, ist anders, denn mit ihnen pflegen wir Beziehungen und haben nicht nur Interaktionen. Alle Beziehungen erfordern ein gewisses Maß an Vertrauen, Respekt und auch Grenzen.

DIE POSITIVEN

Auch in positiven und aufbauenden Beziehungen ist es notwendig, achtsam zu sein. Und warum? Weil wir emotional gebunden sind und normalerweise hohe Erwartungen an die Beziehung und die Wertschätzung des anderen haben. Wenn die andere Person nicht so reagiert, wie wir es erwarten, kann uns das ins Tal der Verzweiflung schicken und wir nehmen an, dass wir sie verärgert haben. Wut und Groll können die Folge sein.

In dieser Dynamik müssen wir vermeiden, unsere Macht bereitwillig an die andere Person abzugeben. Es ist ein absolutes Muss, die eigene Macht und unser Selbstwertgefühl zu bewahren und sich zu respektieren. Dies erfordert etwas Übung, aber wenn man es beherrscht, können mit dieser Haltung die schönsten, harmonischsten und respektvollsten langfristigen Beziehungen entstehen.

Interessant ist die Tatsache, dass wir Menschen, die wir bewundern und respektieren, unbewusst zu einem Star machen können. Das geschieht, wenn wir unsere eigenen positiven Seiten auf diesen anderen Menschen projizieren und ihn so zum Star erheben.

In diesem Fall sollten Sie sich fragen, was Sie genau bewundern. Seien Sie sich bewusst, dass Sie das, was Sie an anderen bewundern, in sich selbst tragen, sonst hätten Sie diese Eigenschaft nicht bemerkt. Wenn Sie achtsam und bewusst bleiben, können Sie in Ihrer Mitte bleiben, gedeihen und weit über das hinauswachsen, was wir von uns selbst je erwarten würden.

DIE NEGATIVEN

Aus demselben Grund sollten Sie bei der letzten Gruppe, den Negativen, besonders vorsichtig sein. Auch sie sind eine wichtige Quelle für potenzielles Wachstum, aber es erfordert mehr Vorsicht, Achtsamkeit und Selbstfürsorge, um dabei die eigene Entwicklung genießen zu können. Der Schlüssel zu einem guten Umgang mit dieser Gruppe liegt in der Beherrschung eigener Emotionen. Denn diese Gruppe kann und wird Sie triggern. Wenn Sie aber Herr über Ihre Emotionen bleiben, können die Negativen ihre Macht über Sie nicht ausspielen.

Es lohnt sich, sich mit dieser Gruppe eingehender zu befassen, um einen Überblick über aktive Konflikte und die damit verbundenen Vorfälle zu bekommen.

WUT-MANAGEMENT: NIE WIEDER EXPLODIEREN!

9

VERSTEHEN SIE IHRE AKTIVEN KONFLIKTE UND DIE DAMIT VERBUNDENEN VORFÄLLE

„Halten Sie sich von negativen Menschen fern; Sie haben für jede Lösung ein Problem."

— *ALBERT EINSTEIN*

Um die vierte Gruppe von Menschen (die Negativen) besser zu verstehen, konzentrieren Sie sich auf ungelöste Konflikte, die Sie regelmäßig mit ihnen erleben.

Schreiben Sie diese ungelösten Konflikte auf und beschreiben Sie diese nach der unten angegebenen Struktur. Ordnen und priorisieren Sie die Konflikte, die Sie zuerst lösen möchten, nach der Intensität Ihrer Stimmungsschwankung. Je störender sie sind, desto früher sollten Sie sie angehen und versuchen zu lösen.

Übung: Aktuelle aktive Konflikte im gewählten Kontext (Anleitung/Beispiel):

Fragen	Antwort
Was ist der Name des Konflikts?	„Nehmer"-Persönlichkeit
Wer war neben Ihnen noch an diesem Konflikt beteiligt?	Negativ A, BeobachterInnen B + C, und Positiv D + E
Wie alt ist der Konflikt?	Ein Jahr
Wie sehr beeinträchtigt er Ihre Stimmung?	90%
Was sind typische Auslöser für diese Vorfälle?	Um einen Gefallen bitten, aber ihn nicht erwidern
Was ist die Priorität für eine Lösung?	1

Tabelle: Aktive Konflikte

Jetzt sind Sie dran. Beschreiben Sie nach diesem Musterbeispiel nun Ihre drei derzeit aktiven Konflikte:

	Konflikt 1	Konflikt 2	Konflikt 3
Nennen Sie den Kontext, in dem die Konflikte auftreten			
Name des Konflikts			
Name der beteiligten Person			
Sind noch andere beteiligt?			
Alter des Konflikts			
Grad der Belastung (Auswirkung auf die Stimmung) in %			
Typische Auslöser			
Priorität für die Lösung des Konflikts			

Tabelle: Ihre derzeit aktiven Konflikte

Jeder Konflikt kann mehrere Vorfälle ausgelöst haben, daher lohnt es sich, einzelne Vorfälle zu untersuchen, um die Muster zu erkennen, die sich wiederholen.

Wählen Sie den jüngsten Vorfall aus und analysieren Sie die Geschehnisse anhand des STOP! -1-2-3-Modells, wie wir es oben beschrieben haben (Phase 1).

Suchen Sie nach wiederkehrenden Mustern und informieren Sie sich über die Art des Konflikts. Unser Ziel ist es, in Zukunft neue Vorfälle zu antizipieren und ihnen vorzubeugen, indem wir den Grundkonflikt bereits kennen.

Machen Sie sich ein grobes Bild des Vorfalles anhand der folgenden Fragen, bevor Sie das Analyse- und Lösungsdesign-Tool verwenden. Beschreiben Sie den Vorfall in Kurzform:

Vorfall	Beschreibung
Was ist passiert?	
Wer war die andere Person? Wer war noch beteiligt?	
Gab es im Hintergrund einen wiederkehrenden Konflikt, der zu diesem Vorfall führte?	

Vorfall	Beschreibung
Hatte die Angelegenheit mit Misstrauen, Respektlosigkeit, unklaren Erwartungen und offenen Grenzen zu tun?	
Wie hat die Interaktion begonnen?	
Was hat Ihren Ärger ausgelöst und wie haben Sie darauf reagiert?	
Hat Ihre Reaktion die Situation entspannt oder verschlimmert?	
Wie haben Sie zum Vorfall beigetragen?	
Wie hat der Kontext zum Vorfall beigetragen?	
Wie haben die anderen zum Vorfall beigetragen?	
Wie hat die Interaktion geendet?	
Wie haben Sie sich unmittelbar danach gefühlt? Wie geht es Ihnen jetzt?	

Tabelle: Die Geschichte des Vorfalls

Übung: Fassen Sie nun die Ergebnisse der Grobanalyse des Vorfalls kurz zusammen

Vorfall	Beschreibung
Möglicher zugrunde liegender Konflikt	
Kontext	
Vorfall	
Ihr Name	
Name des Gegenübers	
Andere Beteiligte	
Auslöser	
Reaktion	
Wie haben Sie zum Vorfall beigetragen?	
Wie hat der Kontext dazu beigetragen?	
Wie hat das Gegenüber zum Vorfall beigetragen?	
Andere bedeutsame Details	

Tabelle: Analyse-Tool: STOP! -1-2-3, die obere Hälfte

Wie bereits erwähnt, kann ein Konflikt zu mehreren Vorfällen führen. Wenn es sich also nicht um einen einzelnen Vorfall handelt, sollten Sie tiefer graben und versuchen, das zugrunde liegende Muster, das heißt die Ursache des Konflikts, zu finden. Auf diese Weise können Sie verhindern, dass es in Zukunft zu mehr Vorfällen kommt. Sie sind vorbereitet und können sich anders verhalten.

Konzentrieren Sie sich auf einen Konflikt, lösen Sie ihn und gehen Sie dann langsam zum nächsten über — überstürzen Sie nichts.

Wiederholen Sie diesen Vorgang für die priorisierten Konflikte und die damit verbundenen Vorfälle auf Ihrer Liste. Suchen Sie später nach neuen Konflikten, die Sie lösen möchten. Machen Sie sich Notizen und halten Sie Ihre Erkenntnisse und Schlussfolgerungen fest. Dies wird Ihnen helfen, sich selbst und andere mit jedem Vorfall besser zu verstehen.

Entwerfen Sie nun eine Lösung für den zugrunde liegenden Konflikt anhand des Tools: Lösungsfindung: STOP! -1-2-3, die untere Hälfte.

Anschließend wählen Sie Ihre Ziele für die Lösung Ihres Konflikts und entwerfen Ihren Plan.

Potenzielle Ziele der Konfliktlösung	Beschreibung	Ihre Wahl
Ziel 1	Selbstentwicklung	
Ziel 2	Zukünftige Vorfälle verhindern	
Ziel 3	Vollständige Lösung des zugrunde liegenden Konflikts	
Ziel 4	Rehabilitation der Beziehung	
Ziel 5	Milderung, Mäßigung und Bewältigung des Konflikts, das heißt sich damit abfinden	

Tabelle: Ziele

Wählen Sie dann eine Strategie aus den drei möglichen Lösungsstrategien, die in der Abbildung dargestellt sind.

Potenzielle Strategien für die Konfliktlösung	Beschreibung	Ihre Wahl
Strategie 1	Vermeidung oder Nichtstun	
Strategie 2	Kontrolliertes Setzen von Grenzen	

Potenzielle Strategien für die Konfliktlösung	Beschreibung	Ihre Wahl
Strategie 3	Konsens- und Kompromiss-Suche	

Tabelle: Strategien

Aspekt	Ihre Antwort
Geisteshaltung/ Standpunkt	
Ziele und Strategie	
Umsetzung	
Aktion	
Verfeinerung des Plans	
Anpassung bis der Konflikt unter Kontrolle ist	

Tabelle: Lösungs- und Aktionsplan

Die gute Nachricht ist, dass die Interaktionen mit den Gruppen drei (Positiv) und vier (Negativ) wertvolle Erkenntnisse mit sich bringen, die zur persönlichen Fortentwicklung beitragen können. Indem Sie sich im Vorfeld über die Menschen in Ihrem Leben informieren, können Sie Zwischenfälle, Auslöser und wiederkehrende Muster vorhersehen, ruhig bleiben und Distanz und Achtsamkeit bewahren, während Zwischenfälle auftreten. Durch eine sorgfältige Analyse und die Erarbeitung von Lösungen werden Sie sich langsam von einem Gefühl der Hilflosigkeit und Reaktivität lösen und in einen proaktiven, verantwortungsbewussten Geisteszustand umwandeln.

Wie schon in der Einleitung möchte ich auch hier den Aspekt der Sicherheit hervorheben. Lernen und Selbstverwirklichung sind von Vorteil, aber die eigene Sicherheit ist entscheidend. Sie ist für alle vier Gruppen von Bedeutung. Alle potenziell missbräuchlichen Beziehungen beginnen mit Warnsignalen, kleinen Anzeichen dafür, dass etwas nicht stimmt.

Lernen Sie, es zu erkennen, wenn sich in den peripheren Interaktionen der Gruppen eins und zwei, der Beobachter, etwas komisch anhört oder anfühlt. Machen Sie es sich zur Gewohnheit, aufmerksam zu sein und immer auf Ihr Bauchgefühl zu vertrauen.

Wenn Sie eine neue Person schnell in Gruppe drei (positive Beziehungen) aufnehmen und sich die Beziehung zu schnell entwickelt, sollten Sie aufpassen. Achten Sie auf diejenigen, die sich nicht die Zeit nehmen wollen, langsam Vertrauen zu Ihnen aufzubauen und Sie zu früh mit offensichtlichen Zeichen der Zuneigung überhäufen. Das ist ein Warnsignal. Wenn etwas zu gut ist, um wahr zu sein, ist es das wahrscheinlich auch. Nutzen Sie Ihre Fähigkeit, gleichzeitig zu denken und zu fühlen, und bleiben Sie 9 - 12 Monate lang wachsam. Authentische, positive Beziehungen und der Aufbau von Vertrauen brauchen diese Zeit.

Bei Personen aus der Gruppe vier (negative Beziehungen) achten Sie darauf, wie sie mit Konflikten umgehen und insbesondere, ob und wie sie auf Ihre Lösungsvorschläge eingehen.

Fragen Sie sich:

1. Erwägen sie ernsthaft Ihre Lösungsvorschläge?
2. Hören sie aufmerksam zu?
3. Sind sie freundlich zu Ihnen, sowohl im Verhalten und in Worten?
4. Respektieren sie Ihre Grenzen?
5. Übernehmen sie Verantwortung für ihren Anteil am Vorfall oder Konflikt?
6. Sind sie in der Lage, ihre Gefühle zu kontrollieren?
7. Zeigen sie im Gespräch Reue?
8. Versuchen sie, ihr Verhalten danach zu ändern?
9. Fühlt sich die Interaktion gut und richtig an?
10. Was sagt Ihnen Ihr Bauchgefühl?

Wenn auch nur eine der Antworten „Nein" lautet, haben Sie ein Warnsignal.

Es ist angebracht, sich über psychische Gesundheit, Narzissmus und narzisstische Persönlichkeitsstörungen gründlich zu informieren, da es sich um eine wichtige Grundinformation für das Leben handelt. Psychischer Missbrauch kann verdeckt oder offen sein. Ein Kennzeichen missbräuchlicher persönlicher Beziehungen ist der immer wiederkehrende On-Off-Beziehungszyklus.

Führen Sie die Analyse von Konflikten und unangenehmen Vorfällen mit Hilfe der oben beschriebenen Gedankenmodelle durch. Bei Gruppe 4 wählen Sie Ihre Strategie und Ihre Ziele mit besonderem Bedacht aus. In extremen Fällen sollten Sie sich dafür entscheiden, nichts zu unternehmen und sich vorsichtig aus dem Umfeld der Person zu entfernen. Wenn Sie sich von der Person nicht entfernen können, machen Sie sich emotionslos bewusst, was da vor sich geht. Jede Interaktion sollte gut überlegt sein. Suchen Sie unbedingt Unterstützung im Hintergrund, leise und ohne Aufregung.

Zusammenfassung

Die Beherrschung von Interaktionen mit anderen ist eine entscheidende Fähigkeit in jedem Umfeld und trägt zu einem friedlichen und erfolgreichen Leben bei. Nachdem Sie sich selbst und Ihr Umfeld analysiert und verstanden haben, sollten Sie die Personen analysieren, die in Ihrem Leben eine Rolle spielen.

Wir unterscheiden zwischen vier Gruppen und jede Gruppe erfordert unsere Aufmerksamkeit: 1) Gleichgültig, 2) Neutral, 3) Positiv und 4) Negativ. Gruppe 1 und 2 fassen wir zusammen als Beobachter. Sie benötigen unseren Respekt und unser wohlwollendes Verhalten. Gruppe 3 erfordert unsere Achtsamkeit, damit wir bei uns bleiben können und nicht vor Bewunderung unsere Mitte verlieren. Gruppe 4 kann eine Herausforderung sein, ist aber auch eine reiche Quelle für Anregungen, die zur Selbstentwicklung führen können. Vorausgesetzt, wir können damit gut umgehen. Den Umgang mit Wut lernen wir am besten mit Gruppe 4, da sie uns am meisten mit Wut-Auslösern konfrontieren wird. Lernen Sie von ihnen, aber passen Sie dabei gut auf sich auf.

WUT-MANAGEMENT: NIE WIEDER EXPLODIEREN!

10

VERSTEHEN SIE, WARUM SIE WÜTEND SIND UND WAS SIE TUN KÖNNEN

„*Die intensivsten Konflikte, wenn sie überwunden sind, hinterlassen ein Gefühl der Sicherheit und Ruhe, das nicht leicht gestört werden kann.*"

— *CARL JUNG*

Wie wir sehen können, sind die Ursachen für Wut vielfältig. Wut kann entstehen durch:

1. Sie und Ihr bisheriges Leben
2. Ungereimtheiten in Ihrem Umfeld

3. die Menschen um Sie herum, absichtlich oder unabsichtlich

Daher ist es nicht möglich, eine einfache Antwort auf die Frage zu geben, warum Sie wütend sind. Stattdessen ist es ratsam, Wut als eine Aufforderung zu sehen, nach Gründen zu suchen. Diese Suche führt Sie zu einer spannenden Reise der Selbstentdeckung. Dort werden Sie die Antwort finden und darauf Ihren Lösungsplan aufbauen können.

Dieses Buch bietet Ihnen eine Abkürzung und einen bewährten Pfad, um Ihre Wut zu verstehen. Ganz nebenbei werden Sie sich selbst ebenfalls besser verstehen. Wenn wir langsam und stetig alle Verwirrungen, Ungereimtheiten und Unwahrheiten aus unserem Leben beseitigen, wird es weniger Gelegenheiten für Wut geben. Wir wollen unsere Wut nicht beseitigen, denn sie ist unser Freund, Beschützer und Helfer, einfach ein Signal, dass etwas nicht stimmt.

Nehmen Sie sich vor, dieses Buch in drei Monaten durchzuarbeiten und in den folgenden drei Monaten mindestens einen identifizierten Konflikt und die damit verbundenen Vorfälle zu lösen. Dokumentieren Sie Ihre Stimmung täglich, um das Ergebnis Ihrer fleißigen Arbeit zu sehen. Es wird sich spürbar auszahlen und die Analyse- und Lösungs-Zyklen werden mit der Zeit leichter handhabbar werden.

WUT-MANAGEMENT: NIE WIEDER EXPLODIEREN!

11

FALLSTUDIE: LAURA'S WUT

„Bildung ist nicht das Lernen von Fakten, sondern die Schulung des Denkens.

— *ALBERT EINSTEIN*

(Alle Namen und Fakten sind fiktiv)

Laura ist eine 35-jährige Marketingmanagerin, die in einer hochtechnischen Branche arbeitet. Dies ist eine neue Aufgabe für sie; sie ist seit neun Monaten in dieser Funktion und in diesem Unternehmen tätig. Laura hat einen Schreibtischjob und leitet ein interdisziplinäres Team von zehn Mitarbeitern. Nur drei Mitglieder sind ihr direkt unterstellt. Sie ist von ihrem Team abhängig, denn die Arbeit jedes Teammitglieds fließt in die gemeinsamen Teamergebnisse ein, deren Qualität über Laura's Ansehen und Erfolg entscheidet.

Im Myers-Briggs-Test (MBTI) wurde Laura als INTJ (The Mastermind oder The Architect) getestet. Sie ist intelligent, stark prozess- und zielorientiert und brillant im Marketing; daher ist sie eine der jüngsten Managerinnen, die für eines der Kernprodukte des Unternehmens zuständig sind. Laura ist dafür bekannt, dass sie Marketing- und Markenstrategien entwickelt, die perfekt funktionieren. Sie ist brutal ehrlich und wendet normalerweise kein Taktgefühl an, um ihre Mitarbeiter oder andere in Stress-Situationen zu beschwichtigen.

Man sagt ihr nach, dass sie ein Wut-Problem hat, und diese Wahrnehmung prägt langsam ihren Ruf, aber Laura kann immer erklären, warum es notwendig war, so zu handeln, wie sie es getan hat. In der Regel wird sie wütend, wenn sie erlebt, dass andere die Qualität ihrer Arbeit im Team vernachlässigen, was für sie oberste Priorität hat. Einige haben begonnen, sich über ihre verletzende Art und "gnadenlose" Durchsetzungsfähigkeit zu beschweren, zunächst bei Außenstehenden und später bei der Geschäftsleitung. Das Team ist ihr gegenüber nun defensiv und weniger wohlwollend eingestellt.

Laura befindet sich in einer Déjà-vu-Situation, da sie ihre letzte Stelle verließ, um einer fast identischen Situation zu entkommen. Erschwerend kommt hinzu, dass sie zwei Kleinkinder unter fünf Jahren zuhause hat, die sie oft nachts wach halten. Dass sie ständig übermüdet ist, macht es gerade nicht leichter.

Als sie zu mir kam, beschlossen wir, ihr so genanntes „Wut-Problem" ganzheitlich zu betrachten und den Kreislauf zu durchbrechen, nachdem wir anhand des STOP! -1-2-3- Modells tief in ihre Welt eintauchten und sie analysierten.

Wie wir sehen können, identifiziert sie sich als eine Person, die die Qualität der Arbeit (ihr Wut-Auslöser) über Interaktionen und Beziehungen mit anderen stellt. Damit ist ihr Ruf aufgrund dieser Einstellung und daraus resultierenden Wut-Ausbrüche gefährdet.

Analyse von Vorfällen und Konflikten

Wir verwenden das STOP! -1-2-3-Modell, um besser zu verstehen, was in einem typischen Konflikt und dem daraus resultierenden Vorfall vor sich geht:

DER VORFALL: WAS IST PASSIERT?

Ein Kunde befand sich in einer Besprechung mit Laura und Teammitglied A (TMA). Laura hatte TMA vorab angewiesen, Antworten auf die Fragen vorzubereiten, die der Kunde ihnen im Vorfeld zugeschickt hatte. Laura's Aufgabe war es, in der Diskussion auf einem hohen Niveau zu bleiben und den Überblick zu behalten, während TMA die Details kannte und erläuterte.

Es wurde recht schnell im Gespräch deutlich, dass TMA sich nicht ausreichend auf das Treffen vorbereitet hatte. Obwohl das Treffen oberflächlich betrachtet, gut verlief, war Laura wütend. Nach der Sitzung gab Laura ihrer Wut nach und teilte TMA ihre Meinung unverblümt mit. TMA fühlte sich nicht verantwortlich und lehnte jede Verantwortung für den Vorfall ab. Laura stapfte davon. TMA ging zu ihren Bürokollegen, um sich über Laura zu beschweren.

Fragen zum Vorfall	Antwort
Wer war an dem Vorfall beteiligt?	Teammitglied A (TMA) und Kunde
Gab es einen zugrunde liegenden Konflikt, der zu diesem Vorfall führte?	Die Unfähigkeit von Laura, mit Teammitglied A erfolgreich zusammenzuarbeiten

Fragen zum Vorfall	Antwort
Hatte die Angelegenheit mit Vertrauen, Respekt, Erwartungen und Grenzen zu tun?	Anscheinend mit mangelndem Respekt von TMA Laura gegenüber
Wie hat die Interaktion begonnen?	Ein ausführliches Briefing in Vorbereitung auf das Kundengespräch über Erwartungen und Ergebnisse, etwas Coaching
Was hat den Ärger ausgelöst und wie haben Sie, Laura, darauf reagiert?	Eine Demonstration von Inkompetenz in Anwesenheit des Kunden; Wut und Hilflosigkeit
Hat Ihre Reaktion die Situation entspannt oder verschlimmert?	Verschlimmert
Wie haben Sie, Laura, zu dem Vorfall beigetragen?	Möglicherweise zu viel an Teammitglied A delegiert und es damit überfordert
Wie hat der Kontext zu dem Vorfall beigetragen?	Mangelnde Qualitätskontrolle von Fähigkeiten der Mitarbeiter, Prozessen und Neueinstellungen; Mangel an Onboarding-Maßnahmen

Fragen zum Vorfall	Antwort
Wie hat die andere Person zum Vorfall beigetragen?	Offensichtlich mangelnde Bereitschaft, zuzuhören, Verantwortung zu übernehmen, Feedback anzunehmen und zu lernen.
Wie hat die Interaktion geendet?	Der aktuelle Konflikt vertiefte sich durch den erneuten Vorfall und wurde nicht gelöst.
Wie haben Sie sich, Laura, unmittelbar danach gefühlt und wie denken Sie darüber?	Wütend und hilflos und jetzt weiß ich nicht, was ich tun soll.

Tabelle: Die Geschichte des Vorfalls

ANALYSE: WER IST LAURA?

Aufgrund ihrer INTJ-Persönlichkeit ist Laura sehr analytisch und von Natur aus kontrollierend. Typischerweise hat die Ergebnisqualität für einen INTJ oberste Priorität. INTJs können schnell gereizt und wütend werden und können mit Emotionen oft nicht gut umgehen. Sie können urteilend und kritisch gegenüber anderen und sich selbst sein und mögen keine Planänderungen. Dieser Archetyp scheint Laura sehr gut zu beschreiben.

Als wir ihr Persönlichkeitsprofil mehrmals testeten, stellten wir fest, dass sie in Stress-Situationen scheinbar zu einem anderen Persönlichkeitstyp wechselt. Unter Stress verwandelt sich ihr Persönlichkeitstyp in einen ISTJ, den Inspektor- oder Logistik-Typ.

ISTJs sind INTJs in vielerlei Hinsicht ähnlich, ISTJs neigen jedoch dazu, diejenigen, die nicht so sind wie sie, eher mit Skepsis zu betrachten. Wenn INTJs hingegen ihre intuitiven Talente einsetzen, erkennen sie leicht die wahre Natur anderer und sind etwas toleranter.

Effektivität ist für ISTJs von großer Bedeutung, da sie die menschliche Tendenz, Fehler zu machen oder sich außerhalb der vorher festgelegten Normen zu verhalten, weniger leicht akzeptieren.

Wir kamen zu dem Schluss, dass sie sich ihrer Strenge und ihrer Neigung zur Persönlichkeitsveränderung (ISTJ) in solchen Stress-Situationen bewusstwerden sollte. Es würde ihr helfen, einen Schritt zurückzugehen, um Stress abzubauen und zu ihrer natürlichen INTJ-Persönlichkeit zurückzukehren. Dann ließen sich ihre Wut-Ausbrüche eher vermeiden.

Ich bat sie, sich daran zu erinnern, dass alle Persönlichkeitstypen Grenzen haben und dass wir uns alle meistens unserer blinden Flecken nicht bewusst sind. Nach dem Stressabbau wäre es sinnvoll, alle ihre Mitarbeiter darin zu coachen (inklusive TMA), was gute Qualität heißt und welche Faktoren zu hochwertigen Ergebnissen führen. Diese beiden Schritte würden ihr mit der Zeit zur größeren inneren Reife verhelfen. Damit würde sie auch ihr Wut-Problem unter Kontrolle bringen.

Ihre Reputation im beruflichen Umfeld ist bereits ein Thema. Wir können sicher sein, dass Laura's Wut-Ausbrüche und Reaktionsmuster den vier Personengruppen in ihrem Umfeld nicht entgangen sind: den Gleichgültigen, Neutralen, Positiven und Negativen. Sie wird den Rufschaden im Laufe der Zeit beheben müssen, indem sie den Stress-Situationen nicht nachgibt und sich unter Druck konsequent anders verhält.

WAS WILL LAURA?

Laura ist mit ihrem Leben nicht zufrieden — weder mit der Arbeit noch mit der familiären Situation. Sie hat das Gefühl, dass sie auf beiden Seiten zu kurz kommt, aber ihr Arbeitsleben gibt ihr ein Gefühl von Identität und Stärke, das sie genießt. Ihre Werte sind:

- die Familie,
- der Einsatz ihres Intellekts, um qualitativ hochwertige Arbeit zu leisten,
- eine ausgewogene Work-Life-Balance zu erreichen,
- mehr zu schlafen und
- ausreichend Freizeit zu haben.

Laura's Ego-Selbst-Test

Aussagen, die darauf hinweisen, dass das Ego-Selbst Ihr Leben steuert:	Laura's Antwort
Sie sind stolz auf sich selbst und Ihre Leistungen; Sie schauen häufig auf andere herab.	Jein
Sie reden über andere und meinen, Sie wüssten alle Antworten.	Nein
Sie sind neidisch auf das, was andere haben.	Nein
Sie neigen dazu, über andere zu urteilen und wollen die Leistungen anderer herunterspielen.	Nein
Sie können schnell wütend werden und sogar in Rage geraten.	Wütend, ja / Rage, nein
Sie haben ein unterschwelliges Gefühl von Furcht und Angst. Sie haben viele Ängste.	Jein

Aussagen, die darauf hinweisen, dass das Ego-Selbst Ihr Leben steuert:	Laura's Antwort
Sie fühlen sich hilflos und machtlos, Ihre Situation zu ändern.	Ja
Sie fühlen sich schuldig und denken, dass Sie nicht genug tun.	Ja
Sie haben ein geringes Selbstwertgefühl. Menschen können Sie leicht beschämen, Sie ausnutzen.	Nein
Sie sind verzweifelt, haben Selbstzweifel und wissen nicht, was Sie wert sind.	Jein
Sie beklagen sich häufig über Ihre Lebensumstände.	Jein
Sie werden schnell von anderen getriggert und haben häufige emotionale Höhen und Tiefen.	Ja

Tabelle: Ego-Selbst-Test

Wir haben bei der oben genannten Analyse festgestellt, dass Laura's Ego-Selbst scheinbar gesund und vernünftig ist, aber zweifellos ihr Leben bestimmt, wie wir in der folgenden Bewertung sehen können. Symptome für das Ego-Selbst als Bestimmer sind

- Wut,
- Gefühle der Hilflosigkeit,
- Schuldgefühle,
- emotionale Instabilität und
- etwas Stolz, Furcht, Angst und
- die Neigung, sich über andere zu beschweren.

Ich habe ihr eine kurze tägliche Meditation vor und nach der Arbeit empfohlen, um stressige Ereignisse und die dabei auftretenden Gefühle zu verarbeiten und ihr dabei zu helfen, sich ihres höheren Selbst mehr bewusst zu werden. Das Ziel ist es, das höhere Selbst alle täglichen Handlungen steuern zu lassen und Mut, Neutralität, Nützlichkeit, Vernunft und Liebe anstelle von Wut, Hilflosigkeit, Schuld etc. zu erleben.

Da ihr Tagesablauf mit kleinen Kindern ihr nicht den Luxus einer sitzenden Meditation erlaubt, entschieden wir uns für eine Gehmeditation auf dem Weg zur Arbeit, nachdem sie ihre Kinder in der Kindertagesstätte abgeliefert hatte. Wir analysierten mögliche Projektionen des Ego-Selbst, konnten aber keine erkennen. Ich fragte Laura, ob sie das Gefühl habe, dass ihr eigener Arbeitsinput von geringer Qualität sei. Das war aber nicht der Fall, also konnten wir eine Projektion ausschließen.

Laura macht sich Sorgen, dass sie noch nicht in der Lage ist, im Augenblick des Geschehens gleichzeitig Gefühle zuzulassen und klar zu denken. Einen kürzlichen Wut-Ausbruch hat sie jedoch erfolgreich vermieden. Als sich ein Vorfall ereignete, erkannte sie, dass unsere Gespräche ihr geholfen hatten, sich ihrer Gefühle bewusst zu bleiben und nicht dem Ärger nachzugeben, den sie empfand. Das war eine sehr positive Entwicklung.

Sie lernte auch, ihre Aufmerksamkeit auf das zu lenken, was sie mit dem Team erreichen wollte, und sich weniger auf die Unzulänglichkeiten ihres Teams zu konzentrieren.

WIE SIEHT ES IN LAURA'S KONTEXT AUS?

Laura passt nicht ins Team. Ich riet ihr, langfristig über einen möglichen Arbeitsplatzwechsel nachzudenken, da wir die MVP (das heißt die Kultur) ihres Kontexts mithilfe der Deep-Dive-Methode analysiert und sechs Herausforderungen entdeckt haben. Wir bewerteten auf der Grundlage der 10 MVPs von Hogan (Motivationen, Werte und Präferenzen) die Kultur.

10 MVPs von Hogan	Fragen	Ja / Jein / Nein
Anerkennung: bekannt, gesehen, sichtbar, berühmt sein	• Legen Sie Wert auf Anerkennung? • Legen die Führungskräfte in Ihrem Umfeld Wert auf Anerkennung?	Nein Nein
Macht: Herausforderung, Wettbewerb, Leistung und Erfolg	• Legen Sie Wert auf Macht? • Legen die Führungskräfte in Ihrem Umfeld Wert auf Macht?	Nein Nein
Hedonismus: Spaß, Aufregung, Abwechslung und Vergnügen	• Legen Sie Wert auf Hedonismus? • Legen die Führungskräfte in Ihrem Umfeld Wert auf Hedonismus?	Ja Nein
Altruismus: anderen dienen und den weniger Glücklichen helfen	• Legen Sie Wert auf Altruismus? • Legen die Führungskräfte in Ihrem Umfeld Wert auf Altruismus?	Ja Nein

10 MVPs von Hogan	Fragen	Ja / Jein / Nein
Zugehörigkeit: häufige und vielfältige soziale Kontakte	• Legen Sie Wert auf Zugehörigkeit? • Legen die Führungskräfte in Ihrem Umfeld Wert auf Zugehörigkeit?	Ja Nein
Tradition: Moral, Familienwerte und Pflichterfüllung	• Legen Sie Wert auf Tradition? • Legen die Führungskräfte in Ihrem Umfeld Wert auf Tradition?	Ja Nein
Sicherheit: Struktur, Ordnung und Vorhersehbarkeit	• Legen Sie Wert auf Sicherheit? • Legen die Führungskräfte in Ihrem Umfeld Wert auf Sicherheit?	Ja Nein
Handel: Geld verdienen, Gewinne erzielen, Möglichkeiten finden	• Legen Sie Wert auf Handel? • Legen die Führungskräfte in Ihrem Umfeld Wert auf Handel?	Nein Ja

10 MVPs von Hogan	Fragen	Ja / Jein / Nein
Ästhetik: das Aussehen, die Haptik und das Design von Produkten und künstlerischen Arbeiten	• Legen Sie Wert auf Ästhetik? • Legen die Führungskräfte in Ihrem Umfeld Wert auf Ästhetik?	Ja Ja
Wissenschaft: neue Ideen, Technologie und rationale Problemlösungen	• Legen Sie Wert auf Wissenschaft? • Legen die Führungskräfte in Ihrem Umfeld Wert auf Wissenschaft?	Ja Nein

Tabelle: Analyse der Kultur nach Hogan

Wir haben über die Analyse der kulturellen Werte nachgedacht und unsere Ergebnisse zusammengefasst:

- Welche Unstimmigkeiten sehen Sie? Viele Unstimmigkeiten.
- Was bedeutet das für Sie? Dies ist vielleicht nicht der beste langfristige Arbeitsplatz für Laura.
- Was sind Ihre Erkenntnisse und Schlussfolgerungen aus der Bewertung? Laura braucht einen

Arbeitsplatz, an dem Qualität und Wissenschaft einen hohen Stellenwert haben.

Laura's Einsichten zu den Spielregeln in ihrem Umfeld

Danach haben wir uns die „Spielregeln" in ihrem Umfeld angeschaut und weitere Mängel entdeckt (siehe unten). Ja, es gibt Möglichkeiten, damit einigermaßen umzugehen, aber dieses Umfeld wird auf Dauer nicht für sie geeignet sein.

Fragen	Laura's Antwort
• Welches sind die 5-10 Regeln in Ihrem Umfeld?	Den Kopf einziehen, sich nie beschweren, gute Arbeit leisten und keine Unternehmensressourcen verschwenden.
• Welche Regeln sind für Sie akzeptabel?	Ich würde gerne Aspekte des Arbeitsprozesses ansprechen, die nicht funktionieren (Ihr Chef interpretiert ihr ständiges Streben nach höherer Qualität jedoch als Beschwerde.)
• Welche Regeln irritieren und verärgern Sie?	Niemals beschweren; den Kopf einziehen. Das ist schwierig, wenn es immer wieder zu Qualitätsproblemen kommt.

Fragen	Laura's Antwort
• Wenn ja, wie könnten Sie das Gefühl der Irritation verringern?	Nein, es ist schmerzhaft, wenn ich meine Gedanken nicht äußern und die Qualität der Arbeitsergebnisse nicht verbessern kann.
• Was fällt Ihnen sonst noch auf?	Mit Meditation und Coaching kann ich meine Irritation nutzen, um Wachstum und Selbstentwicklung anzustoßen.
• Was ist Ihre Schlussfolgerung?	Ich muss akzeptieren, dass es so ist, wie es ist, zumindest vorerst.

Tabelle: Spielregeln

Die Schlüsselpersonen in Laura's Arbeitskontext

Anschließend haben wir die Schlüsselpersonen in ihrem Umfeld analysiert.

Fragen	Antwort
• Benennen Sie den Kontext:	Laura's Arbeitskontext
• Wer sind die 5-10 Schlüsselpersonen, die Ihren Kontext definieren?	10 Teammitglieder, mein Chef, der Abteilungsleiter und der Vertreter der Personalabteilung.

Fragen	Antwort
• Wofür setzen sich diese Akteure leidenschaftlich ein? Worauf legen sie Wert?	Keine Spannungen und Konflikte, planmäßiges Arbeiten, Geschäftsergebnisse.
• Was sind ihre Ziele?	Ein 2-Jahres-Plan, eine Agenda und Ziele sind nicht gut kommuniziert und unklar.
• Haben diese Schlüsselpersonen eine gemeinsame Vision? Wie lautet sie?	Nein, es gibt spürbare Spannungen im Führungsteam in Bezug auf die Zukunft.
• Was ist Ihre eigene Ambition in diesem Zusammenhang? Wollen Sie eines Tages zu den führenden Akteuren gehören?	Nein, das kann ich auf keinen Fall sein. Ich habe nicht das Gefühl, dass ich dazugehöre.

Tabelle: Schlüsselpersonen

Wir führten die Personen in Laura's Umfeld in einer Liste auf und verteilten sie in vier Gruppen: gleichgültig (1), neutral (2), positiv (3) oder negativ (4). Wir ermittelten fünf positive Einflüsse, die ihr dabei halfen, Spaß an ihrer Arbeit zu haben und drei problematische Einflüsse.

Wir haben 19 Personen in ihrem Umfeld identifiziert, mit denen Laura an ihrem Arbeitsplatz regelmäßig interagiert:

Name der Person	Gruppen-Zuordnung (Laura gegenüber)
Chef	negativ
Abteilungsleiter	positiv
Vertreter der Personalabteilung	positiv
10 Teammitglieder	5 neutral 3 positiv 2 negativ
6 Beobachter, außenstehend	gleichgültig

Tabelle: Personen in Laura's Kontext

DERZEITIGE AKTIVE KONFLIKTE IN LAURA'S KONTEXT

Wir haben drei derzeit aktive Konflikte an ihrem Arbeitsplatz identifiziert.

	Konflikt 1	Konflikt 2	Konflikt 3
Nennen Sie den Kontext, in dem die Konflikte auftreten	Laura's Kontext	Laura's Kontext	Laura's Kontext
Name des Konflikts	Inkompetenz und Verleumdung	Reputationsschädigung	Missverständnisse
Name der beteiligten Person	Teammitglied A	Teammitglied B	Chef
Sind andere beteiligt?	2 Freunde von Teammitglied A	Ich weiß es nicht	Das Führungsteam (Vermutung)
Alter des Konflikts	4 Monate	6 Monate	6 Monate
Grad der Belastung (Auswirkung auf die Stimmung) in %	90 %	60 %	60 %

	Konflikt 1	Konflikt 2	Konflikt 3
Typische Auslöser	Qualität der Arbeit	Klatsch und Tratsch	Unfähigkeit, Prozesse, die nicht funktionieren, zu verbessern
Priorität für die Lösung des Konflikts	Priorität 1	Priorität 3	Priorität 2

Tabelle: Aktive Konflikte

ZUSAMMENFASSUNG

Laura's Vorfall

Vorfall	Beschreibung
Möglicher zugrunde liegende Konflikt	Ungelöste Probleme mit Teammitglied A seit 4 Monaten. Die bisherigen Lösungsvorschläge waren erfolglos.
Kontext	Arbeitsplatz

Vorfall	Beschreibung
Vorfall	Treffen mit einem Kunden ging schief, Wut-Anfall
Ihr Name	Laura
Name des Gegenübers	Teammitglied A (TMA)
Andere Beteiligte	Kunde, Freunde von Teammitglied A
Auslöser	Laura kann ihre Wut nicht kontrollieren, wenn Qualität auf dem Spiel steht.
Reaktion	Wut und Hilflosigkeit
Wie haben Sie zum Vorfall beigetragen?	Es ist mehr innere Arbeit erforderlich.
Wie hat der Kontext dazu beigetragen?	Der Kontext wird so bleiben, wie er ist; eine Optimierung ist nicht möglich.
Wie hat das Gegenüber zum Vorfall beigetragen?	Teammitglied A scheint Laura und ihre Anweisungen nicht zu respektieren. Möglicherweise mangelnde Sozialkompetenz und andere Fähigkeiten, Unreife oder absichtliche Sabotage? Teammitglied A bleibt ein Fragezeichen.

Vorfall	Beschreibung
Andere bedeutsame Details	Teammitglied A ist unfähig zur Zusammenarbeit und scheint Laura und ihre Anweisungen nicht zu respektieren. Gespräche mit Laura's Chef über die Verbesserung des Arbeitsprozesses bleiben erfolglos. Das Unternehmen scheint der Optimierung der sozialen Fähigkeiten und der Entwicklung neuer Mitarbeiter keine Priorität einzuräumen. Daher ist es nicht möglich, die Lösung für den Vorfall an den Chef zu eskalieren.

Tabelle: Die Geschichte des Vorfalls

Zusammenfassung der Analyse nach dem Analyse-Tool: STOP! -1-2-3, die obere Hälfte.

Ihr Beitrag zu dem Vorfall (1):	Der Beitrag des Kontextes zum Vorfall (2) Kontext: Arbeitsplatz	Deren Beitrag zum Vorfall (3)
• Nicht genügend Vorbereitung • Unklare Werte und Prioritäten • Möglicher Mangel an Kommunikation, Prozess- und Qualitätsmanagement und • zu wenig Verhandlungen mit dem Chef	• Mangelnde Nachbereitung • Unklare Verantwortlichkeiten • Möglicherweise unterdurchschnittlicher Prozess	• Mangelnde Fähigkeiten oder Kenntnisse • Unklares Bild der Fähigkeiten • Unklarer Entwicklungsplan für den Junior-Mitarbeiter

Tabelle: Zusammenfassung der Analyse

Laura's Lösungsplan (Lösungsfindung: STOP! -1-2-3, die untere Hälfte)

Potenzielle Ziele der Konfliktlösung	Beschreibung	Laura's Wahl
Ziel 1	Selbstentwicklung (immer empfohlen)	• Integration von Meditation, Selbstreflexion in den Alltag • Bewusstsein für Auslöser entwickeln • Aufrechterhaltung eines gesunden Lebensstils • Verbesserung der Fähigkeit, ruhig zu bleiben und nicht zu reagieren • Beantworten Sie die Frage: Wie lange will ich in diesem Unternehmen bleiben?
Ziel 2	Zukünftige Vorfälle verhindern (immer erforderlich)	Bessere Vorbereitung, weniger Delegation

Potenzielle Ziele der Konfliktlösung	Beschreibung	Laura's Wahl
Ziel 3	Vollständige Lösung des zugrunde liegenden Konflikts (in 20 - 30% der Fälle möglich)	/
Ziel 4	Rehabilitation der Beziehung (in 5 - 10% der Fälle erforderlich)	/
Ziel 5	Milderung, Mäßigung und Bewältigung des Konflikts, d.h. sich damit abfinden (in 5 - 10% der Fälle erforderlich)	Diplomatische Distanz zu Chef und Teammitglied A wahren

Tabelle: Ziele

Potenzielle Strategien für die Konfliktlösung	Beschreibung	Laura's Wahl
Strategie 1	Vermeidung oder Nichtstun	Nichtstun
Strategie 2	Kontrolliertes Setzen von Grenzen	/
Strategie 3	Konsens- und Kompromiss-Suche	/

Tabelle: Strategie

Aspekte	Frage	Antwort
Geisteshaltung / Standpunkt	Wie ist Ihre geistige Haltung zu diesem Vorfall, Ihre Ausgangsposition?	Einen Schritt zurücktreten.

Aspekte	Frage	Antwort
Ziele & Strategie	Wie ist Ihre Strategie, um die Situation unter Kontrolle zu bringen und Ihre gewählten Ziele zu erreichen?	Nichtstun, dabei die oben genannten 5 Selbst-Entwicklungsziele verfolgen, Meetings besser vorbereiten und eine diplomatische Distanz zu den schwierigsten Personen halten (Chef und Teammitglied A).
Schritte	Was sind die ersten 3 Schritte, die Sie dabei unternehmen werden?	Selbstfokussierung & -achtung. Maßnahmen: Meditations- und Fitness-Rituale, Selbstreflexion
Verfeinerung	Wie werden Sie Ihren Plan bei Bedarf verfeinern?	Achtsamkeit und sicher und fest in der eigenen Überzeugung stehen.
Anpassung bis der Konflikt unter Kontrolle ist	Wie werden Sie merken, ob der Konflikt kein Konflikt mehr ist?	Entspannung in der Kommunikation mit den beteiligten Personen auf beiden Seiten bzw. freundliche und höfliche Distanz.

Tabelle: Lösungsplan

SCHLUSSWORT ZUM FALL

Wir kamen zu dem Schluss, dass Laura in diesem Konflikt die Hände gebunden waren, weil es unter diesen Umständen keine Möglichkeit gab, den vier Monate alten Streit zu lösen. Ein Anzeichen dafür war ihr Gefühl der Hilflosigkeit und Verwirrung.

Sie hatte ihre Macht an die Umstände abgetreten. Deshalb wählten wir eine Vermeidungsstrategie, damit sie sich die Zeit nehmen konnte, Energie in sich selbst zu investieren. Die Entscheidung, einen Schritt zurückzutreten und die Situation zu akzeptieren, ist ein Schritt zur Selbstermächtigung. Sie hatte die Wahl, zu leiden oder nicht zu leiden.

Sie ist sich auch der Präventivmaßnahmen bewusst, die sie anwenden kann, zum Beispiel weniger Aufgaben an Teammitglied A (TMA) zu delegieren. In der Zukunft können sich Aspekte des Kontexts ändern und ihr Chef und TMA können ihre Meinung ändern.

Laura wartet jedoch nicht darauf, dass dies geschieht. Sie hat beschlossen, loszulassen. Laura hat somit ihre Macht zurückerobert und ist aus dem Konflikt herausgetreten, indem sie sich auf sich selbst konzentriert und jeden Tag ihr Bestes gibt.

Konflikte und daraus resultierende Vorfälle brauchen mindestens zwei emotional beteiligte Parteien, um zu überleben. Der Paradigmenwechsel in ihrem Denken wird auch die Stärke ihrer Auslöser verringern. Sie wird lernen, bei ähnlichen Vorfällen nicht mehr zu reagieren, sondern bewusst auf das zu reagieren, was geschieht. Sie ging mit einem glücklichen Lächeln und einem leichten Schritt nach Hause, weil sie das Problem in ihrem Kopf gelöst hatte. Alles andere kann so bleiben, wie es ist.

Hinterlassen Sie bitte eine Bewertung!

Wenn Ihnen dieses Buch gefallen hat, hinterlassen Sie bitte eine 1-Klick-Rezension.

Ich wäre Ihnen sehr dankbar, wenn Sie sich Zeit nehmen würden, um eine kurze Rezension zu schreiben, auch wenn es nur ein paar Sätze sind.

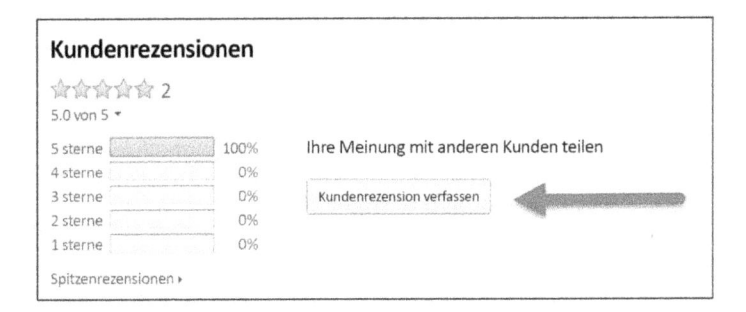

Kundenrezensionen

☆☆☆☆☆ 2
5.0 von 5 ▼

5 sterne	▇▇▇▇▇	100%
4 sterne		0%
3 sterne		0%
2 sterne		0%
1 sterne		0%

Ihre Meinung mit anderen Kunden teilen

Kundenrezension verfassen ⬅

Spitzenrezensionen ▸

11 FALLSTUDIE: LAURA'S WUT

WUT-MANAGEMENT: NIE WIEDER EXPLODIEREN!

12

SCHLUSSFOLGERUNG

„Ganzheit wird nicht durch das Abschneiden eines Teils des eigenen Wesens erreicht, sondern durch die Integration der Gegensätze."

— *CARL JUNG*

Ich hoffe, liebe Leserin, lieber Leser, dass Sie mit diesem Buch Ihre Wut besser verstehen. Ich hoffe, Sie fühlen sich gestärkt und gut genug gewappnet, um mit jedem Wut-Anfall, der Ihnen begegnet, umgehen zu können. Der gekonnte Umgang mit Ihrer Wut wird Ihnen zweifellos in allen Bereichen Ihres Lebens zugutekommen.

Wenn Sie beginnen, Ihre Wut als Freund und als Zeichen für ein tiefer liegendes Problem zu sehen, wird sie zu einem Helfer und Wegweiser. Sie wird helfen, festgefahrene Denkmuster zu lockern und zu verändern. Die Analyse jedes Vorfalls und Auslösers bringt Sie Schritt für Schritt näher an Ihr weises Ich, Ihr Höheres Selbst, heran. Das ist ein spannendes Abenteuer.

Das Buch gibt Ihnen eine einfache Formel für die Wut-Bewältigung an die Hand: Die STOP! -1-2-3-Analyse und den Lösungsentwurf. Die Selbstuntersuchung als Vorbereitung auf die Wut-Bewältigung erfordert schon etwas Arbeit, aber es lohnt sich. Anstatt sich über andere und die Lebensumstände zu beschweren, verpflichten wir uns, unsere Zeit darauf zu verwenden, uns selbst besser zu verstehen —das ist ein Tausch, der ganz sicher mehr Seelenfrieden und Zufriedenheit bringen wird.

Nachdem Sie dieses Buch gelesen und durchgearbeitet haben, bewerten Sie Ihr Ergebnis, indem Sie sich die folgenden Fragen stellen:

1. Kenne ich mich selbst und meine Wünsche besser als zuvor?
2. Verstehe ich meine aktuelle Situation besser?

3. Bin ich in der Lage, zukünftige Ereignisse, die mich möglicherweise triggern könnten, vorauszusehen und nicht mehr automatisch auf sie zu reagieren?
4. Erkenne ich, wo ich stehe und was mein nächster Schritt sein könnte?
5. Weiß ich, wie ich jeden Auslöser und jeden Vorfall, der in meinem Leben auftaucht, nutzen kann, um mein Selbstbewusstsein und meine Widerstandsfähigkeit zu stärken?

Alle Ihre Antworten sollten „Ja" lauten; andernfalls gehen Sie zurück und arbeiten Sie die noch unklaren Punkte erneut durch. Viel Erfolg!

Wenn Ihnen dieses Buch gefallen hat, liebe Leserin, lieber Leser, gäbe es die Option auf www.zarminapenner.com mehr zu erfahren.

WUT-MANAGEMENT: NIE WIEDER EXPLODIEREN!

LITERATURVERZEICHNIS

Ekman, P. (2015). Emotions revealed: understanding faces and feeling (Chinese Edition) (1st ed.). Hunan Science and Technology Press.

Ekman, P. E. (n.d.). Was sind Emotionen? Paulekman.Com. Abgerufen am 26. März 2022, von https://www.paulekman.com/universal-emotions/

Hawkins, D. R., MD Ph.D. (2012). Power vs. Force: Die verborgenen Determinanten des menschlichen Verhaltens (1. Aufl.). Veritas Publishing.

Hogan Assessments. (2021, Mai 25). Flash Report. https://www.hoganassessments.com/reports/flash-report/

Hogan, R. (2006). Persönlichkeit und das Schicksal von Organisationen (1. Aufl.). Routledge.

Hosford, A. H., & Ashcroft, C. A. (2010). Moodscope - Heben Sie Ihre Stimmung mit ein wenig Hilfe Ihrer Freunde. Https://Www.Moodscope.Com/. Abgerufen am 27. März 2022, von https://www.moodscope.com/

Joel Mark Witt, J. M. W., & Antonia Dodge, A. D. (n.d.). Bewertung des Geniestils. Personality Hacker. Abgerufen am 27. März 2022, von https://personalityhacker.com/genius-personality-test/

NERIS Analytics Limited. (2011). Kostenloser Persönlichkeitstest. 16 Persönlichkeiten. https://www.16personalities.com/free-personality-test

Oxford Languages und Google - Englisch | Oxford Languages. (2021, Dezember 2). https://languages.oup.com/Google-Dictionary-En/

Rosenberg, R. R. (2018). The human magnet syndrome: The codependent narcissist trap. Morgan James Publishing.

Simon, G. S. K. (2010). Im Schafspelz: Manipulative Menschen verstehen und mit ihnen umgehen (Erstausgabe, 2. Auflage, die zweite Auflage ist exklusiv bei Parkhurst Brothers publiziert.) Parkhurst Brothers Publishers Inc.

Singer, M. A. (2013). The Untethered Soul: Die Reise über sich selbst hinaus (Geschenkausgabe mit Ribbon Marker). New Harbinger Publications.

Wikipedia-Mitarbeiter. (2022, März 21). Höheres Selbst. Wikipedia. https://en.wikipedia.org/wiki/Higher_self

AUTOR

Nachdem sie ihre Leidenschaft für die Ausrichtung von Organisationen, Teams und Führungskräften auf ihre Visionen und Ziele erkannt hatte, wechselte Zarmina Penner, eine Ärztin, vor über 20 Jahren in die Unternehmensberatung und das Coaching.

Bei ihrer Arbeit geht es im Wesentlichen darum, praktische Lösungen für berufliche und persönliche Alltagsprobleme zu finden, kollegiale Gemeinschaften mit Teamgeist aufzubauen und sie zu inspirieren, anders zu denken. Sie arbeitet auf Englisch und Deutsch. Weitere Informationen finden Sie bei Interesse auf *www.zarminapenner.com*.

DANKSAGUNG

Ich möchte mich bei Sebastian Liedtke für seine hilfreichen Hinweise zur Vorversion, bei Ann-Kathrin Warnecke und Elfriede Federlein für das sehr sorgfältige Editieren und bei Ihnen, liebe Leserin, lieber Leser, für Ihr Interesse herzlich bedanken. Ebenso möchte ich den zahlreichen Lesern danken, die zu der englischen Version dieses Buches Feedback gaben und so zur Optimierung der deutschen Version indirekt beigetragen haben.

Milton Keynes UK
Ingram Content Group UK Ltd.
UKHW020404021124
450424UK00014B/1428